falter 3

GEORG KÜHLEWIND

WEIHNACHTEN

Die drei Geburten
des Menschen

VERLAG FREIES GEISTESLEBEN

CIP-Titelaufnahme der Deutschen Bibliothek

Kühlewind, Georg
Weihnachten : die drei Geburten des Menschen /
Georg Kühlewind. – Stuttgart : Verl. Freies Geistesleben, 1989
ISBN 3-7725-1053-1

Schutzumschlag: Walter Schneider,
unter Verwendung einer Grafik von Doris Hecht
© 1989 Verlag Freies Geistesleben GmbH, Stuttgart
Satz und Druck: Offizin Chr. Scheufele, Stuttgart
Buchbinder: Riethmüller, Stuttgart

Inhalt

Einführung

J edes Fest ist ein zeitweiliger Herabstieg des Himmels auf die Erde, und die Jahresfeste sind Variationen dieses Themas. Zu Weihnachten überwiegt besonders das Motiv der menschlichen Vorbereitung, damit die Begegnung von Oben und Unten stattfinden kann. Das Obere ist immer da, in Bereitschaft, die Götter geben immer; ob das Gegebene die Erde erreicht, das hängt von der anderen Seite ab, von der menschlichen Empfangsbereitschaft. Die Wiederholungen der Feste ermahnen uns zu einer inneren Gebärde: sie nicht als Gedenkfeste zu feiern, sondern ihren Inhalt immer wieder neu zu erfahren. *Konzentriertheit* schließt Gedächtnis, Erinnerung aus; es gilt nur das Improvisierte, hier und jetzt: Geistesgegenwart. Die *Meditation* vertieft ihr Thema immer wieder, sie bereichert es mit neuen Motiven. Die Festesthemen sind als Meditationsthemen in ihrem Reichtum unerschöpflich; sie führen, wenn die Vertiefung gelingt, von Licht zu größerem Licht. Die Adventszeit als Vorbereitung des Weihnachtsfestes ist geradezu ein makrokosmisches Bild für den Menschen, der geistiges Leben zu praktizieren versucht: das Bild des ewigen Advent, der Vorbereitung auf die Intuition neuer Ideen.

Der Entwicklungsweg der Feste führt von der Vergangenheit, in der sie als kosmische Zeitpunkte erlebt wurden, zur Verinnerlichung; sie werden zu Erfahrungen der Seele, die sich zu den eigenen Quellen hin bemüht. Heute ist das sachliche Bemühen die Voraussetzung des Feierns, die meditative Verwirklichung der inneren Bedingungen, der das Konzentrieren der Aufmerksamkeit vorangeht. Die einzelnen Phasen des inneren Geschehens finden ihre genauen Gegenbilder in den Geschehnissen um Weihnachten. Sie haben ihren Höhepunkt in der Epiphanie, im Fest der Jordantaufe, am 6. Januar. Diese war in den ersten dreieinhalb Jahrhunderten des Christentums das gefeierte Fest, nicht der Geburtstag des Kindes, denn man hatte «das Gefühl für den Logos» (wie es Rudolf Steiner formuliert) noch nicht verloren. Dieses Fest – Epiphania – ist das wahre Friedensfest, das Zusammenklingen und Zusammenschließen des Menschlichen mit dem Göttlichen, des Menschen Jesus mit dem Sohn, Christus, oder innerlich gesehen: die Geburt einer neuen Idee von oben in die empfangende Aufmerksamkeit, die ihr von unten entgegenschweigt und sie aufnimmt. Das Friedensfest – die Versöhnung – ist der Zusammenschluß von Himmel und Erde, innerlich gesehen von dem vorbereiteten menschlichen Bewußtsein mit der sonst überbewußten Geistigkeit, die Geburt des Wortes auf Erden, deren Abbild jedes einzelne Wort ist, mit der wahrnehmlichen (akustischen) und der verborgenen Seite seines Verstehens.

Zwischen Weihnachten und Epiphania liegen die 13 heiligen Tage und Nächte, in denen die empfangende Seelenbereitschaft dem niedersteigenden göttlichen Wort entgegengeht. Das Kind des innerlich aktiven Menschen und seiner Seele ist die empfangende Aufmerksamkeit; das Bild des Kindes deutet auf die geniale, weil noch leere empfangende Aufmerksamkeit des kleinen Kindes. Allein durch diese Bereitschaft kann es die Muttersprache überbewußt aufnehmen: ein irdisches Bild des himmlischen Wortes.

Diese – im Entwicklungsweg des Menschen dritte – Geburt wird im Jahreslauf durch die Adventszeit vorbereitet; eigentlich beginnt sie aber mit der Verkündigung Mariae. Von der Begegnung mit dem verkündenden höheren Wesen – ob man die Botschaft zurückweist oder sich ihrer annimmt – hängt es ab, ob die dritte Geburt einmal stattfinden wird. Das 6. und 7. Kapitel versucht, das zur Darstellung zu bringen.

Was habe ich als Mensch unserer Zeit zu tun, um feiern zu können und zu dürfen? Auf diese Frage suchen die Kapitel 4, 5 und 10 dieser Schrift einen Hinweis zu geben. Dieser lenkt in die Richtung der Idee «Friede» (Kapitel 9). Das große Gedicht von Hölderlin faßt das Thema zusammen. Kapitel 8 versucht die Grundstimmung zu beschreiben, die alles Schöpferische begleitet, weil das Schaffen auf Erden eine Reminiszenz an das Sein in der Seligkeit ist, an das Sein im schaffenden Jenseits, in der Welt der wahren Freude.

Die erwähnten Kapitel geben einen allgemein gültigen Weg zum Erleben aller Feste an, in welchem sich das Himmlische auf Erden kundgibt. Unter den Festen aber ist Weihnachten das kosmisch-historische Abbild dieses Weges, von Advent bis Epiphania.

Unser Buch will eine «Hinführung» sein; darin ist

begründet, daß es nicht alle Weihnachtsmotive behandelt. Die nicht erwähnten lassen sich mühelos in den dargestellten Ideengang einfügen.

Es kann die Frage auftauchen: Was ist die Funktion der Gedichte (besonders der «Friedensfeier»), der Bilder und der zitierten Texte von Rudolf Steiner?

Es ist eines der Geheimnisse der Sinneswahrnehmung, daß das Wahrgenommene durch Worte nie zu beschreiben ist: Niemand kann es sich nach der Beschreibung vorstellen, wie es in Wirklichkeit ist. Ebenso ist es mit Bildern und Gedichten. Wäre ihre Aussage auch *anders* auszudrücken, dann wären sie überflüssig. Deswegen sind sie in den Text eingefügt: nicht um ihn zu *belegen* – etwa «Rilke hat es auch so gemeint» –, sondern dem Leser die einzigartige Erfahrung im Kontext des Büchleins zu ermöglichen. Sie sind weder Illustration noch Beispiel: Sie *erweitern* den Text.

Hölderlins «Friedensfeier» aber, mit ihren unzähligen Bezügen, ist wie ein kosmisches Wappenbild der menschlichen Existenz, ihrer Potentialität: eine Sinngebung dieser Existenz. Sie stellt die Wiederaufnahme des Gesprächs zwischen Göttern und Menschen dar, das seit der großen Trennung verloren gegangen ist, die Verwirklichung des Wortes auf Erden. Die Urbedeutung des Friedens wird zum Thema, somit berührt das große Gedicht unmittelbar das Wesen von Epiphania. Epiphania bedeutet das Aufgenommenwerden des Logos durch einen Menschen, aber auch das Empfangen einer Idee durch die vorbereitete Vernunft, das Einwohnen der Muttersprache in die kindliche empfangende Seele, die menschliche Konstitution selber, das Sich-Verbinden des Wesenskernes mit dem irdischen Organismus – bei diesen Metaphern steht eine für die andere, und zugleich repräsentieren sie das Bild des Friedens, der Aufhebung des «Zauns» («Diaphragma», wie Paulus es nennt, Eph. 2, 14), der alle Zweiheiten bewirkt. «Friedensfeier» schildert das Ideal, das sich aus dem Geschehen am Jordan entwickeln könnte, das Wesen des Christentums: das himmlische Jerusalem in Gestalt des Festes. Die Vertiefung findet unbegrenzt Bezüge und Zusammenhänge, Sinn also – wie es mit jedem meditativen Text der Fall ist.

Die Texte von Rudolf Steiner sind wegen ihrer Dichte und Schönheit gewählt worden. Es sind meditative Texte, deren «Inhalt» der Verfasser nicht mit eigenen Worten wiedergeben wollte. Alle aber, Bilder, Gedichte, Texte, stehen ihm persönlich nahe und geben dem Leser die Richtung zu den Wurzeln seiner Gedankengänge an: wie er fühlt.

Die Texte zu den Bildern sind keine «Deutungen»: Man kann ein Kunstwerk nicht «übersetzen», sonst wäre das Werk überflüssig. Die Texte wollen nur andeuten, wie man beginnen kann, sich in der traditionellen Bilderwelt zu bewegen. Die einzelnen Motive führen zu Bezügen, die man auf anderen Bildern auch findet (z. B. das Motiv des Abgrundes auf alten Christgeburtbildern), manchmal ein wenig verändert, nie ohne Sinn verändert (es sei denn, der Künstler wendet die Tradition bloß als Überliefertes an, ohne darin zu leben). Um alle Bezüge aufzuweisen, könnte man über jedes Bild solchen Charakters viele Seiten füllen. Diese Arbeit soll jedoch dem Leser nicht genommen werden.

Der Alltag

Der Alltag hat beim modernen Menschen den gesamten Zeitenlauf erobert, der früher noch durch Festeszeiten und Feiern gegliedert war; heute ist er nur noch durch Ruhetage unterbrochen. Der Mensch hat es verlernt, Feste zu begehen, hat vergessen, was sie bedeuten. Die geistige Natürlichkeit des Erlebens, daß heute ein Festtag ist, hat sich aufgelöst, was nicht zu bedauern ist, denn es könnte einen Sinn haben, wenn der Mensch seine Feste unabhängig von der Tradition neu zu gestalten lernte, ihnen einen neuen Sinn geben könnte. Wäre das nicht gleichbedeutend mit der Aufgabe, dem Leben, dem Dasein einen neuen Sinn einzuprägen? – Dazu müßte er neue Intuitionen, neue große Einsichten im Hinblick auf die Inhalte der Festtage und auf die Menschheitsentwicklung haben. – Wie kommt er zu solchen Einsichten?

Die Geschichte des Alltags beginnt mit seiner völligen Abwesenheit. In den Urzeiten des menschlichen Daseins, wo das *ganze* Leben nach sakralen Regeln und Vorschriften verlief, wo die heute alltäglichsten Verrichtungen noch geheiligt, in eine Bedeutung hinaufgehoben wurden, war nichts profan, alltäglich, ohne Sinn. Das Dasein enthielt noch in einer Einheit, was später in eine Zweiheit auseinandergefallen ist: das

Wahre und das Sein, in *einer* glänzenden Lichtkraft, weil es hell, «verstanden», sprechend war – verstanden natürlich nicht im intellektuellen Sinne, sondern in mächtigen, lebendig empfundenen Ideen, die die Welt – Außen-innen-eine-Welt – noch *lückenlos* aufgliederten und ideell deckten: Für Fragen, für Probleme bot sich noch kein Freiraum. So ist heute noch die Welt des kleinen Kindes, wenn es beginnt, die Sprache und durch sie das Denken zu erwerben und also die Welt gegliedert zu erleben, wobei Wort und Begriff noch die Welt in einer untrennbaren Einheit als *lichte* Welt erstrahlen lassen. Sie ist *Licht* und bedarf keiner Beleuchtung von außen, denn es gibt kein Außen –, und dieses Licht ist Wortlicht, das Licht des Logos: Die Welt *spricht*, ist selbst Sprache, also Erscheinung und Sinn zugleich. Die Dinge sind noch keine Dinge, sind Zeichen, Worte, Ausdruck, so wie die Dinge und Vorgänge heute nur im Kultus und in der Kunst geblieben sind.

Wo Sprache zu vernehmen ist, dort empfindet, ahnt, sucht der Mensch Wesenheiten, deren Äußerung diese Sprache ist. Ob er zu ihnen hinfindet oder ob er die Welt als ihre Offenbarung, ihre Wirksamkeit, letztlich sogar als ihr fertiggestelltes Werk ansieht – in jedem Fall behält die Welt noch ihren Sinn. Denn *Werk* ist wie Literaturwerk, Musikwerk, Kunstwerk zu verstehen, *es spricht*, man kann es lesen, denn dazu ist es geschaffen. Die letzte Stufe des Abstiegs ist die vom Werk zum Ding[1], das nicht mehr spricht, weil es nicht zum Sprechen geschaffen ist. Es kann nicht als Text genommen werden. Dieser Schritt erst führt in unseren Alltag hinein. Dinge werden zwar vom Menschen durch Ideen hervorgebracht, aber nicht damit sie «sprechen», sondern um ihrer Nützlichkeit willen. Daher ist ihr Sinn verschwunden; in der Folge erscheint auch das Leben bar jeglichen Sinnes. Wir leben wie «geworfen» (Heidegger), «hineingehalten» (H. Broch) in die Leere, in die Finsternis des Nicht-Verstehens, der Aussichtslosigkeit und der Unzulänglichkeit. Wir sehen in der Natur nur noch Dinge ohne Idee, weil wir eingekerkert sind in die hoffnungslose Wiederholung von scheinbar neuen, aber immer dinghaften Gedanken, von denselben Gefühlen der erkrankten Instinktivität. Die Gedanken sind dinghaft geworden, wir bilden sie ab in ihrer Münzenhaftigkeit und bauen sie als Bestandteile in Mechanismen ein. Anstatt vom Sinn wird das Leben durch die Bequemlichkeit beherrscht und gesteuert.

Die *Lage* – das Verhältnis des Menschen zur Welt, zu sich selber, zum andern, zu Gott – verändert sich weder durch Informationen noch durch fromme Wünsche noch durch unzeitgemäße Manipulation des Bewußtseins. Keine Weltanschauung, keine Widerlegung einer Weltanschauung bringt die Lösung. Denn Informationen über ..., Wünsche nach ..., Weltanschauungen und ihre Widerlegungen unterliegen derselben Eingekerkertheit des gespiegelten Bewußtseins, aus der sie herausführen sollten, und die unsachgemäße Manipulation des Bewußtseins beseitigt schließlich noch die letzte nüchterne Diagnose, der der Mensch fähig geblieben ist. Die Lage kann sich im positiven Sinne allein durch die sachgemäße Arbeit am

Bewußtsein ändern: daß es seine gewohnte Ebene in Richtung auf seine Quellen – Quellen auch der Intuitionen – immer öfter verlasse.

Das Fest

Die Festtage wurden in den archaischen Zeiten als kosmische Zeiteinschnitte, als *Kairoi* gefeiert; das konnte so geschehen, weil Innen und Außen, Bewußtsein und Welt noch nicht als getrennt erlebt wurden. Zum Ende des Mittelalters hat die europäische Menschheit begonnen, die christlichen Feste auf Wandlungsprozesse im Bewußtsein zu beziehen, als Urbilder, bildhafte Darstellungen von Seelenwegen. Der Cherubinische Wandersmann des Angelus Silesius ist ein radikaler Ausdruck dieses Sinneswandels:

Wird Christus tausendmal in Bethlehem geboren
und nicht in dir: du bleibst noch ewiglich verloren.

Das Kreuz von Golgatha kann dich nicht von dem Bösen,
wo es nicht auch in dir wird aufgericht', erlösen.

In der Neuzeit hat der Mensch größtenteils auch das Verständnis für die Seelenprozesse verloren, die man früher mit dem Festgeschehen in Zusammenhang gebracht hat. Daher wird es immer schwieriger, die Jahresfeste im Laufe des menschlichen und menschheitlichen Lebens zu feiern; ihr Glanz, ihr Aroma verblaßt durch die Wiederholung, wie es mit den Ideen geschieht: Wie mächtig ergreifen sie uns bei ihrem ersten

Aufleuchten, und wie bald welken sie hin zu Begriffen und dann weiter zu bloßen Worten. So ermahnen uns die Wiederholungen der Feste zu einer inneren Gebärde: Sie sind nicht bloß als Gedenk-Feste zu erleben, sondern sie sind da, damit wir zu einer je neuen inneren Gebärde gelangen.

Aber man kann das Thema noch breiter fassen: Wie kann man eine Idee, einen Gedankengang wiederholen, ohne daß er sein Leben und Feuer verliert? (Pädagogen finden sich oft vor dieses Problem gestellt.) Und wie kann man etwas – wenn auch nur relativ, mir – Neues sagen, das vielleicht auch ein menschheitlich Neues ist? Denn das Neue und allein das Immer-Neue ist fähig, das menschliche Leben, das individuelle und das gemeinschaftliche, zu erhalten, es zu nähren – und die «Lage» zu verändern.

Der Herabstieg des Logos

Die *Lage*, in die der Mensch hineingelangt, geworfen oder geführt worden ist, hat selbst einen *Sinn*. Der Mensch hat es gelernt, auf sich selbst, auf seine Lage zu schauen, auf das eigene Bewußtsein, auf dessen Verhältnis zur Welt. In der Seele ist eine Instanz anwesend, die von ihren eigenen Inhalten unabhängig geworden ist. Das heißt: Das Bewußtseinsseelenzeitalter ist angebrochen. Diese Tatsache drückt sich in dem aus, was man bei den einzelnen die *Mündigkeit* nennt. Die neue Fähigkeit des Menschen zeigt sich zunächst vorwiegend auf negative Weise durch ihren Mißbrauch: Es wird das Denken und Verstehen, das Wahrnehmen als wesenhafte Kommunionsform und damit das denkende, verstehende, wahrnehmende Subjekt, die Ursprünglichkeit des Bewußtseins selbst geleugnet. Das Bewußtsein, das Denken verleugnet sich. Derselben Fähigkeit wäre es aber möglich, den Lichtstrahl des Bewußtseins in die andere Richtung hin zu verfolgen, in die Richtung seiner zunehmenden Intensität, bis zu seinen Quellen, zum Wort, zum Logos hin. Denn was den Dingen, der Welt, dem Dasein einst Sinn gegeben, sie erschaffen hat, diese Kraftquelle hat im Menschen ihr Zelt aufgeschlagen, ist in ihm Fleisch geworden, ist nun im Menschen als lebende Macht konzentriert. Das bedeutet: Der Mensch wurde bis zu dem Punkt geführt, wo die Welt, wo die Dinge, das Leben ihren Sinn verloren haben. Es war ihr Sinn, den Menschen bis zu diesem Punkt zu führen, und der ist nun erschöpft. Die Aufgabe besteht nun darin, daß der Mensch gewahr werde: Er selbst kann der Lage einen neuen Sinn geben und damit der Welt, den Dingen, dem Leben.

Die Aktualität solchen Tuns wird durch das Verstehen der Zeichen der Zeit bekräftigt: «Was von den Höhen kam, mußte aus den Tiefen wiedergefunden werden.»[2] Was früher durch menschheitliche Pädagogik, durch Auserwählte vermittelt, als geistige Führung in das Schicksal hineinwirkte, kann heute durch das allgemeine Befähigtsein zur Selbstbesinnung, zur Mündigkeit erreicht werden. Denn nur mit dieser kann die Weiterentwicklung des Bewußtseins beginnen.

Sinn, Bedeutung sind nur dem Worthaften, Texthaften eigen, dem, was logos-durchdrungen ist: Das Dasein müßte wieder zu einem Text werden.

Dazu ist die kosmisch-göttliche Quelle des Sinnes, der Logos, dem Menschen nachgezogen, in «diese Welt» gekommen – der «kommende Gott», wie er in vorchristlicher Zeit genannt wurde –, in die Welt des Widersachers, da dieser die Macht ist, die die Welt, das Leben dinghaft macht, sie ihres Sinnes beraubt, entblößt. Das Wort steigt nieder: Das ist das eine Geschehen, das zur Entwicklung der Bewußtseinsseele notwendig ist.

Das andere Geschehen ist, daß das Weltenwort vom Menschen, von *einem* Menschen im Namen der

Menschheit, von einem Auserwählten entgegenge-
nommen werden muß. Das erfordert eine besondere
Seelenstruktur, eine ungeteilte, offene Aufmerksamkeit, wie sie sonst nur beim kleinen Kind zu finden ist,
wenn es das Wort – träumenden Charakters – in sich
aufzunehmen beginnt, im Anfang des Sprechenlernens. Die Aufmerksamkeit des Erwachsenen ist ge-
teilt, zerstreut, vor allem aber *greifend*, intentional,
d. h. gerichtet auf *Etwas*, nie ganz leer, wenn einiger-
maßen intensiv. Für das kleine Kind gibt es zunächst
kein «Etwas» – solches wird ihm erst durch Begriffe,
und Begriffe werden ihm durch die Muttersprache.

Dem heruntersteigenden kosmischen Wort kommt
ein Mensch entgegen, um es in sich aufzunehmen und
durch sich wirken zu lassen. Die zwei Motive, das
Herabsteigen des Wortes und die Geburt des Empfangenden, spiegeln sich in den zwei Festen der Epiphanie
(6. Januar) und des Geburtstages Jesu. In den Anfangs-
zeiten des Christentums wurde allein der Tag der Jordantaufe gefeiert; von der Mitte des 4. Jahrhunderts an
allein Weihnachten: Die Logosidee ging verloren.

Das Aufleuchten einer neuen Idee kann auf analoge
Weise durch ein zweifaches Geschehen oder durch ein
Verschmelzen zweier Bewegungen charakterisiert
werden. Je mächtiger die Idee ist, um so mehr ist ihr
Gegebenwerden, ihr Nicht-von-mir-Sein fühlbar, als
ob sie als Gnadengeschenk «von oben» gereicht wäre.
Sie kann uns nur erreichen, wenn eine sehr konzen-
trierte, aber «leere» Aufmerksamkeit ihr entgegen-
kommt, die sie aufnimmt. Diese ist die meditative
Aufmerksamkeit, die sich aus den Übungen der inten-

tionalen – auf Themen gerichteten – Aufmerksamkeit metamorphosiert. Der Erwachsene muß sie sich erarbeiten; dem kleinen Kinde ist sie vor dem und während des Spracherwerbs gegeben. Daher ist die Geburt des Kindes ein Bild für die empfangende Aufmerksamkeit, die dem Wort entgegenwächst. Diese wird von der Seele des Meditierenden – Maria – geboren.

Eine neue Idee erscheint: *Das* ist das Fest. Und ein Fest kann es nicht geben, wenn nicht eine neue Idee erscheint.

Dazu führen im Menschenleben *drei* Geburten.

Die drei Geburten des Menschen

Die erste Geburt des Menschen ist die körperliche, durch die ein vererbter Organismus die Welt betritt, vererbt als physischer, Lebens- und Empfindungsleib. Das ist das wahrnehmbare, untere Geschehen. Mit dem Organismus wird – von oben her – zunächst locker ein Ichwesen verbunden: Das ist das obere Geschehen. Nur der physische Teil des Organismus ist für die Sinne wahrnehmbar, die zwei anderen offenbaren sich durch ihre Wirksamkeit: Lebensprozesse, unter denen die aufbauenden überwiegen, und die Steuerung der Lebensprozesse vom Empfindungswesen her, wie auch Reflexe, die nach der Geburt bald gänzlich verschwinden. Das Ichwesen wird in seinen Wirkungen ungefähr dann bemerkbar, wenn die Reflexe aufhören. Durch die Sinne ist es nicht wahrnehmbar.

Die Philosophie und die Gehirnphysiologie haben triftige Gründe anzunehmen, daß im Erwachsenen ein körperunabhängiges Ichwesen sich am Gehirn als seinem Apparat betätigt. Sonst wäre das ganze seelisch-geistige Leben physikalisch-chemisch-biologisch bestimmt oder auch durch Zufälligkeiten gelenkt; damit würde jede Erkenntnis ihren Wahrheitswert verlieren, sie wäre ein Resultat der genannten Kräfte oder auch durch Zufallsgeschehen zustandegekommen: ⊥; aber auch *diese*, mit ⊥ gekennzeichnete «Erkenntis» hätte keinen Anspruch haben können auf Richtigkeit: ⊥ ⊥; mehr noch: Auch *diese*, mit ⊥ ⊥ gekennzeichnete «Erkenntnis» fiele unter dieselbe Beurteilung und so weiter. Es wäre kein Verantwortlicher da, für den «Wahrheit» oder «Irrtum» Sinn hätten. Die Annahme führt zu absurden Ergebnissen.

Die Gehirnphysiologie zeigt auf der anderen Seite die Unmöglichkeit, ihre Befunde zu verstehen, ohne anzunehmen, daß ein unabhängiges geistiges Wesen bestimmt, was das Gehirn tun soll, welches Segment gerade in Tätigkeit gesetzt werden soll und so weiter.

Ist das Tier in die Natur eingebunden, so ist der menschliche Organismus an das Ichwesen gebunden. Daher hat das Tier artgemäß weise Instinkte, Verhaltensformen, «empfindet» die Natur, ihre Prozesse, weit über das menschliche Wahrnehmen hinaus. Das Ichwesen ist von Anfang an mit dem geborenen Organismus verbunden, die bemerkbare Wirksamkeit beginnt bald nach der körperlichen Geburt. Der Verbindungsprozeß kann die *zweite* Geburt genannt werden: die menschliche, sprechende Umgebung wirkt auf das Ichwesen ein, und dieses wirkt auf den Organismus. Man kann diesen Vorgang auch «Erziehung» nennen: Dadurch entsteht im Menschen alles, was *nicht vererbt ist*, die spezifisch menschlichen Fähigkeiten, die aufrechte Haltung, das Sprechen, Denken, geformte absichtliche Bewegungen, menschliche Gewohnheiten, Disziplin.

Die Erziehung findet durch das im weitesten Sinne

aufgefaßte Sprechen statt. Der Dialog mit der Umgebung beginnt mit der Begegnung der Blicke zwischen Säugling und Mutter. Dieser Blick ist einzigartig und nur von Mensch zu Mensch möglich, denn er sucht und findet nichts Sinnlich-Wahrnehmbares: allein den Gegenblick.

Der Dialog setzt sich mit dem An- und Zurücklächeln fort – wozu auch nur der Mensch fähig ist. Die akustische Sprache folgt: erst das Vernehmen, dann das Produzieren. Inzwischen aber erwirbt sich das Kind die aufrechte Haltung, Gewohnheiten der Reinlichkeit, gerichtete Bewegungen; wie sämtliche Begabungen sind auch diese nicht biologisch vererbt.

Die Verbindung des Ich mit dem Organismus, sein Sich-Artikulieren in ihm wird durch die freien Lebens- und Empfindungskräfte möglich. Diese werden teils aus dem Organismus frei durch die Einwirkung des Ich, teils werden sie aus dem Ich selber heraus differenziert, damit das Ich auf den Organismus Einfluß nehmen kann. Die freien Lebens- und Empfindungskräfte sind seelische Kräfte, sie bauen die Seelenhaftigkeit des Menschen auf, die Empfindungs-, Verstandes- und Bewußtseinsseele, und sie sind verantwortlich für den worthaften Charakter des menschlichen Lebens. Es sind kaum Gebärden, Prozesse am Menschen zu finden, die nicht sprächen, die nicht Ausdruck seines Seelischen wären. Die zweite Geburt ist die der Seele, mit geistigen Fähigkeiten – Erkenntnis, Kreativität –, und sie wird aus den freien Kräften gestaltet durch Erziehung im weitesten Sinne. Diese ersetzt zunächst die Regie des Ich; denn dieses ist noch nicht irdisch-selbständig genug; in der zweiten Geburt gewinnt das Leben menschliche Form von außen her, durch die Anerziehung von Gewohnheiten und Formen.

Auch in dieser Geburt, die im Gegensatz zur ersten viele Jahre lang dauert, kann das Geschehen als ein zweifaches, von unten und von oben, angesehen werden. Von unten kommen die freien Kräfte; sie werden von dem von oben Kommenden gebraucht und geübt. Denn Fähigkeiten (Sprechen, Denken, Sich-Bewegen) entstehen nur durch Übung. Von oben kommt die Sprache, als Kern dessen, was die Erziehung an das Kind heranbringt, und die Sprache wird nicht durch den Menschenverstand geschaffen: Sie wäre in diesem Fall viel einfacher. Das Ichwesen ergreift den Organismus und inkarniert sich tiefer in ihn hinein, indem es im Sprechen den Bewegungsorganismus artikuliert.

Irgendwann wird der Mensch *mündig*. Mündigkeit ist zwar nie definiert worden, aber sinngemäß bedeutet sie die Fähigkeit zur *Selbstbesinnung*, die den Menschen in die Möglichkeit setzt, die Verantwortung für sein Leben selbst zu übernehmen. Daher kann er sich nicht mehr auf die eigene Vergangenheit berufen, sich als deren Ergebnis betrachten, sondern er ist fähig und daher verpflichtet, sie aufzuarbeiten. In der Selbstbesinnung lernt der Mensch auf das eigene Bewußtsein zu schauen, auf dessen Verhalten und Beeinflußtheit: Selbstbesinnung führt zu Selbsterkenntnis. Das Ich nimmt die Geformtheit, die Prägung der Seele durch die Vergangenheit wahr, kann (oder könnte) sich damit auseinandersetzen, die Prägungen akzeptieren oder sie auflösen. Letztlich wäre das Ziel, alle Gewohnheiten durch gegenwärtige Intuition zu ersetzen – ein fernes Ziel, das aber bewußt werden sollte. [3]

Selbstbesinnung, Selbsterkenntnis ist der Mutterboden für die dritte Geburt. Schon bei der Selbstbesinnung hebt sich eine beschauliche, beobachtende Instanz aus dem Seelengewebe heraus, um dieses zu beurteilen. Werden die Fähigkeiten als unbefriedigend empfunden – und wer empfände das nicht so? –, dann kann der Entschluß reifen, die «Erziehung» selber fortzusetzen und die zentrale menschliche Seelenkraft, die freie Aufmerksamkeit weiter zu erziehen.

Die Schulung der Aufmerksamkeit[4] geschieht in zwei Schritten. Zuerst wird die zerstreute und in Gewohnheiten seelischer Art, in Willens-, Gefühls- und Denkgewohnheiten gefangene Aufmerksamkeit durch den Willen des Ich auf bestimmte Themen gelenkt und so ihre Konzentriertheit geübt. Ist diese intentionale – auf *etwas* gerichtete – Aufmerksamkeit gestärkt, dann kann sie sich in eine *empfangende*, augenblicklich leere Aufmerksamkeit verwandeln, die allein das intuitive Herankommen einer neuen Idee ermöglicht: Das ist die Gebärde der Meditation. Durch beide Aufmerksamkeitsarten hebt sich das Ich aus seiner Verbundenheit mit dem Seelischen und mit dem Organismus heraus: durch die Erziehung hat es seine Selbständigkeit nach oben, durch die Selbsterziehung seine Freiheit nach unten, gegenüber dem Unterbewußten errungen. Die dritte Geburt ist die der kindlichen, nicht-intentionalen, empfangenden und intensivsten, aber selbstbewußt erarbeiteten Aufmerksamkeit: das Geschehen von unten. Ihm leuchtet von oben die neue Intuition ein: das Geschehen von oben.

Das Bild der Jesus-Geburt stellt die Wiedergeburt der empfangenden Aufmerksamkeit durch den Erwachsenen dar. Die kindliche Aufmerksamkeit kann keine intentionale, auf Etwas gerichtete sein, da ein Etwas schon eine Begrifflichkeit bedeutet, und diese (empfangende) Aufmerksamkeit kennt beim Kinde *noch*, beim Erwachsenen *schon wieder* keine fertigen Begriffe: Sie wartet auf neue.

Die alten Darstellungen zeigen Josef in der traditionellen Meditationshaltung: Den Kopf auf die linke Hand gestützt, mit geschlossenen Augen, dem Geburtsgeschehen, Maria und dem Kind den Rücken kehrend; diese werden vom Meditierenden ja nicht durch die physischen Augen gesehen. [5]

Was sich mit dem Vererbten verbunden hat, was während der zweiten Geburt das Vererbte durcharbeitet und individualisiert, tritt mit der dritten Geburt als selbständig gewordene Wesenheit in das Dasein – das Ichwesen, das mit empfangender Aufmerksamkeit dem Weltenwort entgegentritt. Das Ich selbst ist diese Aufmerksamkeit. Damit fängt die Auflösung alles Gewordenen an: Neuer Himmel, Neue Erde, Neue Schöpfung. Gegen solches Neugeborenwerden setzen sich die Kräfte des Alten, der Vergangenheit zur Wehr. Im Alten und Neuen Testament werden Beispiele solchen Verhaltens dargestellt: Abraham (1 Mos 17,17) und Sara (1 Mos 18,10), Zacharias (Luk 1,18) und Nikodemus (Joh 3, 1–21).

Abbildung 1: Ikon, Geburt Christi, Schule von A. Rublov, XV. Jahrhundert (Tretjakov, Moskau).

Die Darstellung ist völlig unnaturalistisch: Die kristalline Felsenkonstruktion – gereinigte Erhöhung des Erdenelementes – mit der Höhlenöffnung, in der das Kind in einer sargartigen viereckigen Krippe, mumienhaft in Bänder gewickelt, ruht: die Lagerstätte der dunkel gekleideten Mutter, auf der Erhöhung, die dem Kind den Rücken zuwendet, den Kopf, wie Joseph, auf die linke Hand stützt (Meditation); die vor dem Meditierenden stehende in Fell gekleidete Figur, sein eigenes «natürliches» Wesen in seiner Selbsterkenntnis; die Lebensbäume, die aus dem Felsenkristall wachsen usw.

Das Hauptmotiv widerhallt, wie ein mehrfaches Echo: Der Meditierende, seine weiblich dargestellte empfangende Seelenhaftigkeit, die Höhle, das Kind, als Bild der empfangenden Aufmerksamkeit, selber einst den Logos empfangend, alles Stufen des einen Innenprozesses.

In den zwei Kindern – dem einen rechts unten wird das Bad als erste irdische Betreuung zuteil – kann man die Zweiheit sehen, die in jedem Kind anwesend ist: das obere und das körperliche Wesen – ähnlich wie Joseph verdoppelt ist. Das Obere ist dasselbe Wesen, das einst den Körper verlassen wird: Daher der Anklang an den Tod. Wir haben es mit Symbolen zu tun; allerdings keine vereinbarten Symbole, sondern imaginativ-natürliche, die wir überall auf der Erde in den Traditionen finden.

Die dritte Geburt – Der Kelch

Die erste Geburt ist eine natürliche, die zweite wird durch die Erziehung bewirkt, die dritte ist ganz auf den Menschen selbst gestellt: Er entschließt sich dazu, er vollzieht die Bewußtseinsarbeit, die zu dieser Geburt führt. In dieser Schulung der denkenden (und zugleich wollenden) Aufmerksamkeit ist der Übergang vom Denken zum Erleben des Denkens von fundamentaler Bedeutung. Das ist die Vervollständigung der Möglichkeit, die in der Struktur der Bewußtseinsseele gegeben ist und die sich als die Fähigkeit, auf das Bewußtsein zu schauen, ankündigt. Dieser Übergang kann folgendermaßen beschrieben werden[6]:

«Der Mensch kann in das gewöhnliche bewußte Denken eine stärkere Willensentfaltung einführen, als in diesem im gewöhnlichen Erleben der physischen Welt vorhanden ist. Er kann dadurch vom Denken zum *Erleben des Denkens* übergehen. Im gewöhnlichen Bewußtsein wird nicht das Denken erlebt, sondern durch das Denken dasjenige, was gedacht wird. Es gibt nun eine innere Seelenarbeit, welche es allmählich dazu bringt, nicht in dem, was gedacht wird, sondern in der Tätigkeit des Denkens selbst zu leben. Ein Gedanke, der nicht einfach hingenommen wird aus dem gewöhnlichen Verlauf des Lebens, sondern der *mit*

Willen in das Bewußtsein gerückt wird, um ihn in seiner Wesenheit als Gedanke zu erleben, löst in der Seele andere Kräfte los, als ein solcher, der durch auftretende äußere Eindrücke oder durch den gewöhnlichen Verlauf des Seelenlebens hervorgerufen wird. Und wenn die Seele in sich die im gewöhnlichen Leben doch nur in geringem Maße geübte Hingabe an den Gedanken als solchen immer erneut bewirkt – sich auf den Gedanken als Gedanken konzentriert –: dann entdeckt sie in sich Kräfte, die im gewöhnlichen Leben nicht angewendet werden, sondern gleichsam schlummernd (latent) bleiben. Es sind Kräfte, die nur im *bewußten* Anwenden entdeckt werden. Sie stimmen aber die Seele zu einem ohne ihre Entdeckung nicht vorhandenen Erleben. Die Gedanken erfüllen sich mit einem ihnen eigentümlichen Leben, das der Denkende (Meditierende) verbunden fühlt mit seinem eignen Seelenwesen ...

Es ist aber zu diesem Entdecken des Gedankenlebens die Aufwendung bewußten Willens notwendig. Das kann aber auch nicht ohne weiteres *der* Wille sein, der im gewöhnlichen Bewußtsein zutage tritt. Auch der Wille muß in anderer Art und in anderer Richtung gewissermaßen eingestellt werden, als er eingestellt ist für das Erleben in dem bloßen Sinnesdasein. Im gewöhnlichen Leben fühlt man sich selbst im Mittelpunkte dessen, was man will, oder was man wünscht. Denn auch im Wünschen ist ein gleichsam angehaltener Wille wirksam. Der Wille strömt von dem Ich aus und taucht in das Begehren, in die Leibesbewegung, in die Handlung unter. Ein Wille in dieser Richtung ist unwirksam für das Erwachen der Seele aus dem gewöhnlichen Bewußtsein. Es gibt aber auch eine Willensrichtung, die in einem gewissen Sinne dieser entgegengesetzt ist. Es ist diejenige, welche wirksam ist, wenn man, ohne unmittelbaren Hinblick auf ein äußeres Ergebnis, das eigene Ich zu lenken sucht. In den Bemühungen, die man macht, um sein Denken zu einem sinngemäßen zu gestalten, sein Fühlen zu vervollkommnen, in allen Impulsen der Selbsterziehung äußert sich diese Willensrichtung. In einer allmählichen Steigerung der in dieser Richtung vorhandenen Willenskräfte liegt, was man braucht, um aus dem gewöhnlichen Bewußtsein heraus zu erwachen. Eine besondere Hilfe leistet man sich in der Verfolgung dieses Zieles dadurch, daß man mit innigerem Gemütsanteil das Leben in der Natur betrachtet. Man sucht zum Beispiel eine Pflanze so anzuschauen, daß man nicht nur ihre Form in den Gedanken aufnimmt, sondern gewissermaßen mitfühlt das innere Leben, das sich in dem Stengel nach oben streckt, in den Blättern nach der Breite entfaltet, in der Blüte das Innere dem Äußeren öffnet usw. In solchem Denken schwingt der Wille leise mit; und er ist da ein in Hingabe entwickelter Wille, der die Seele lenkt; der nicht aus ihr den Ursprung nimmt, sondern auf sie seine Wirkung richtet. Man wird naturgemäß zunächst glauben, daß er seinen Ursprung in der Seele habe. Im Erleben des Vorgangs selbst aber erkennt man, daß durch diese Umkehrung des Willens ein außerseelisches Geistiges von der Seele ergriffen wird.

Wenn ein Wille in dieser Richtung erstarkt ist und

das Gedankenleben in der angedeuteten Art ergreift, so wird in der Tat aus dem Umkreise des gewöhnlichen Bewußtseins ein anderes herausgehoben, das sich zu dem gewöhnlichen verhält wie dieses zu dem Leben in den Traumbildern. Und ein solches schauendes Bewußtsein ist in der Lage, die geistige Welt erlebend zu erkennen. »

In der Naturbetrachtung ist – je nach Intensität der Aufmerksamkeit – die geforderte Willensrichtung verwirklicht: ein *empfangender, entgegennehmender* Wille, der den ebenfalls willenserfüllten kosmischen Ideen, für die die Naturphänomene die wahrnehmbaren *Zeichen* sind, entgegengeht. [7] Als ob der menschliche Wille sagen würde: «Dein Wille geschehe.» Es ist ein *spontaner* Wille, so paradox der Ausdruck klingen mag.

Diesen spontanen Willen finden wir in jeder Kunsttätigkeit und im Spiel des Kindes wieder: nicht umsonst heißt z. B. das Musizieren «Spielen». Was die Sprachorgane im Kindesalter in überbewußter Genialität intuitiv erfassen und «erlernen», daß sie namentlich der Sprechintention spontan folgen können, das müssen sich die Organe – Hände z. B. – für die Kunsttätigkeit durch Übung aneignen, um durch einen ähnlichen spontanen Willen der künstlerischen Inspiration folgen zu können. Dieser Wille ist eins mit der gleichsam spontanen Aufmerksamkeit, die durch das immer *strömende* Element der betreffenden Kunst getragen wird, sich prägen läßt. In jeder Kunst ist es das Auffinden des strömenden Elementes, das die Tätigkeit – auch das passive Entgegennehmen des Werkes – möglich macht.

Im Wahrnehmen, in der Kunst, auch im Ausüben und Entgegennehmen des religiösen Kultus wird der gewöhnliche Wille der Aufmerksamkeit durch eine Begegnung mit höheren und mächtigeren Ideenhaftigkeiten umgewendet – höheren und mächtigeren, als mit welchen das Alltagsbewußtsein arbeitet. In der Bewußtseinsschulung, besonders am Anfang, besteht die größte Schwierigkeit darin, diesen paradoxen Willen zu finden, da zunächst keine höhere Ideenhaftigkeit im Blickfeld ist: die Meditationsthemen *werden* erst dazu, wenn sie ihren «Sinn» der meditierenden Aufmerksamkeit entschleiern. Dazu ist Konzentriertheit und eben die umgekehrte Willensgebärde schon erforderlich, eine Voraussetzung.

Diese konzentrierte Aufmerksamkeit wird durch vorangehende Übungen erworben, wie z. B. die «Gedankenkontrolle», die einen einfachen menschengeschaffenen Gegenstand, seine Vorstellung, Gedanken um ihn herum, letztlich seine funktionelle Idee[8] zum Thema nimmt. In *dieser* Übung nun den «spontanen» entgegennehmenden Willen, das «strömende» Element, das die Aufmerksamkeit zu tragen, aufrecht zu erhalten hilft, zu finden, das scheint das grundlegende Eintritts-Hindernis in der Schulung zu sein. Denn ohne diesen «umgekehrten» Willen ist die lockere, unverkrampfte und doch konzentrierte Aufmerksamkeit, eine Art «active relaxation»[9], eine aktive Gelassenheit kaum zu verwirklichen. Auch deshalb, weil in der Schulung des Bewußtseins die Aufmerksamkeit nichts *anderes* zu tun hat: es sind keine Finger zu bewegen, kein Pinsel zu führen und so weiter.

Die Umkehr des Aufmerksamkeits-Willens erfolgt in den beschriebenen Fällen stets an einem Punkt, wo das Subjekt einer intersubjektiven universellen Sphäre des *Logos* begegnet: der Sprache der Musik, der Sprache Shakespeares z. B., der Natur oder des Kultus. Wo das menschliche Ideenleben größere Ideen berührt, dort wird es «nehmend», wahrnehmend, dort läßt sich die Aufmerksamkeit neu belehren, wie sie in der Kindheit zur Zeit des Sprechenlernens belehrt wurde: durch das vernommene Wort und sein Verstehen wurde sie *intentional*, d. h. *begriffliche* Aufmerksamkeit und stets auf ein begriffliches «Etwas» gerichtet, auf die Kristallisationspunkte der sprachgebotenen Begrifflichkeiten. In dieser Bewußtseinsphase ist Wort, Begriff und Ding – sofern das Wort ein Wahrnehmbares bezeichnet – noch eins. In der Bewußtseinsseele jedoch[10], in der das Denken von der Sprache unabhängig geworden ist, wird das innerlich oder funktionell nicht verstandene Naturding vom Denken entfremdet: wir erkennen es an äußeren Merkmalen. Dieselbe Bewußtseinshaltung hat sich auf das Menschengeschaffene erweitert, obwohl *seine* funktionelle Idee dem Menschen durchaus zugänglich ist.

In der «Gedankenkontrolle»[11] tritt nach den ersten tastenden Gedankengängen und Vorstellungsbildern – um die Gestalt, Eigenschaften, Herstellung des Gegenstandes usw. – erfahrungsgemäß die *Funktion* und damit die Idee des Dinges in den Vordergrund, ohne die es nicht da wäre und nicht *jenes* Ding wäre, ohne die man nicht wüßte, wie es funktioniert. Nimmt der Übende diese Möglichkeit des Denkens von sich aus nicht wahr, so sei sie ihm dennoch empfohlen. Denn durch das Aufleuchten des Ideencharakters des Gegenstandes gehen bedeutsame Veränderungen im Üben vor sich. [12] Es ist durchaus von Anfang an fruchtbar, sich den Gegenstand nicht statisch, sondern funktionierend vorzustellen und zu denken, damit man seines «Wortcharakters» gewahr werde.

Dadurch gesundet das Begriffsleben; sein Nominalismus – das Denken des Dinges nach seinen äußeren Merkmalen – wird durch das Wieder-Intuieren der Funktionsidee überwunden.

Der menschengeschaffene Gegenstand wird in seiner Würde erlebt: er ist ja Neuschöpfung durch den Menschen auf Erden. *Diese* Würde und Bedeutung (die, nebenbei bemerkt, auch den Engeln neu erscheinen muß) beschreibt Rilke in seinen Duineser Elegien:

Sind wir vielleicht *hier*, um zu sagen: Haus,
Brücke, Brunnen, Tor, Krug, Obstbaum, Fenster, –
höchstens: Säule, Turm ...

(IX. Elegie)

Und höher, die Sterne. Neue. Die Sterne des Leidlands.
Langsam nennt sie die Klage: – Hier,
siehe: den *Reiter,* den *Stab,* und das vollere Sternbild
nennen sie: *Fruchtkranz.* Dann, weiter, dem Pol zu:
Wiege, Weg, Das Brennende Buch, Puppe, Fenster.

(X. Elegie)

Die Logos-Sphäre wird auf ihrer untersten Stufe berührt. Damit begegnet das Bewußtsein ebenso wie in in der Kunst einem ihm übergeordneten Element, vorausgesetzt, die Worthaftigkeit der Ideen und ihres Verstehens blitzt als Erfahrung in der Übung auf. An diesem Punkt kann sich die Aufmerksamkeit metamorphosieren, umkehren und zu einer *aufnehmenden* werden. Sie kann erfahren, daß, obwohl die Vorstellung und das Denken des Gegenstandes aus ihr selbst bestehen, sie diese aus Gnaden des Logos hervorbringen kann, der in der Mitte der Seele wirksam ist. Die Aufmerksamkeit kehrt in das strömende Element der Logossphäre, aus der sie geboren wurde, zurück.

Der Übende entdeckt damit ein höheres Wesen, eine höhere Ichhaftigkeit in der eigenen Seele. Denn wo Wort oder Worthaftes zu erfahren sind, müssen sie eine Quelle haben, und diese kann nur ein Ich-Wesen sein. Die Begegnung mit dem höheren Ich ist in diesem Erleben, durch die unscheinbare Übung, die Quelle eines neuen Gefühls, das «Sicherheit und Festigkeit»[13] genannt wird. Es stammt aus dem Erleben des «Ichbin», des eigenen geistigen Seins, das keiner «Beweise», keiner Stützen bedarf. Zugleich ist die Angst vor dieser Begegnung das größte Hindernis, die Aufmerksamkeit «loszulassen», damit sie gleichsam künstlerisch werden kann, aber doch – im Gegensatz zum künstlerischen Tun – im Unwahrnehmbaren verbleibt. Es wird ersichtlich, welche unschätzbare Hilfe die Kunst dem Übenden bieten kann und wo die Grenzen dieser Hilfe sind, warum Kunst die Erkenntnisschulung nicht ersetzen kann: sie hat andere Ziele, muß im Wahrnehmbaren erscheinen.

Die Anwesenheit eines Universellen in der Seele –
des Logos – wird im berühmten Fragment des Heraklit angedeutet: «Der Seele ist ein Logos eigen, der von
sich aus zunimmt.» Aus diesem stammt der imma-
nente «Widerspruch» des Menschenwesens, aus dem
universellen Element der Ideen individuelle Intuitionen schöpfen zu können.

Für die Meditation muß die Aufmerksamkeit schon
so erstarkt sein, daß sie sich dem zunächst nur dem
Wortlaut nach verstandenen Thema erwartend, dem
Wesen nach leer und doch zusammengehalten nähern
kann: schon umgekehrt, schon entgegennehmend, das
Höhere erwartend, frei von allen Vorstellungen des-
selben, die für die Begegnung Hindernisse wären.
Dazu muß die Aufmerksamkeit so gelenkig und
selbstlos geworden sein wie die Finger des Pianisten,
die von der musikalischen Aufmerksamkeit, von der
meditativen Eingebung geführt werden und doch
«flüssig» bleiben. Die Erfahrung des Lebens im Bewußtsein, das Erleben des lebendigen Wortes wird im
Galaterbrief (2, 20) von Paulus formuliert: «Nicht ich
lebe mehr, sondern Christus lebt in mir.»

An der Begegnung mit dem Höheren erstarkt die
Menschenseele, um einen Schritt aufwärts an der
Himmelsleiter des Logos zu tun: Die Begegnung ist
oft schmerzhaft, löscht manchmal das Bewußtsein,
das «Sehen» beim Dichter aus; so passiert es Dante
mehrmals (Göttliche Komödie, Paradies XIV. 76,
XXIII. 35, XXV. 121, XXXIII. 76), aber dasselbe größere Licht schenkt ihm immer wieder neue höhere
Kraft zum Schauen. Beatrice erklärt ihm (XXX. 52):

Die Liebe, die beruhigt diesen Himmel,
Nimmt stets in sich auf mit sotanem Heile,
Die Kerz' auf ihre Flamme zu bereiten.

(Übersetzung: Philalethes)

Die Begegnung wird oft als ein Kampf mit dem Engel geschildert (1 Mos 32, 24–29), in dem der menschliche Wille, die worthafte Aufmerksamkeit «umgekehrt» wird, von dem Höheren neue Gestalt und Namen gewinnt – erkämpft. Das Wesen solchen Kampfes stellt das Gedicht «Der Schauende» von Rilke dar (Buch der Bilder):

Wen dieser Engel überwand,
welcher so oft auf Kampf verzichtet,
der geht gerecht und aufgerichtet
und groß aus jener harten Hand,
die sich, wie formend, an ihn schmiegte.
Die Siege laden ihn nicht ein.
Sein Wachstum ist: der Tiefbesiegte
von immer Größerem zu sein.

Die Begegnung mit dem Engel

Ob eine Idee in der Meditation, ob sie «zufällig», unverhofft kommt, der Mensch ist in ihrem Entgegennehmen außerhalb des Alltagsbewußtseins. Das Herankommen kündigt sich durch Ahnung, durch Fühlen an, und das Bewußtsein wird herausgehoben aus der gewohnten Umgebung, aus seinen Gewohnheiten, wie im Traum. Je mächtiger die Idee ist, um so mehr nimmt sie die Seele in Anspruch und um so mehr nähert sich die Ideenerfahrung einer Wesenserfahrung. Die Hingegebenheit steigt auf dem Weg hinauf zum Wesen, die Stufen in umgekehrter Richtung nehmend, auf dem die Wesenheit sich bis zum Werk veräußerlicht hat.[1] Die Idee kann ein Wort, ein Gedanke sein; wird sie durch die Aufmerksamkeit noch früher und dadurch höher ergriffen, so erlebt sie der Empfangende als lebendige Wirksamkeit. Fängt das Bewußtsein die Idee noch weiter erhöht auf, so erlebt es die Offenbarung eines Wesens, in der der Gnadenteil überwiegt. Auf höchster Stufe vereinigt sich die Seele des Empfangenden mit der Wesenheit selbst: Dieses Erlebnis enthält alle vorangehenden Offenbarungsstufen in sich, wie auch alle anderen Stufen jeweils die niedrigeren in sich tragen. Es könnte dem modernen Menschen einleuchten, was für den archaischen stets ohne

Nachdenken klar war, daß eine Idee immer von einem Jemand, von einer Wesenheit herrührt, ob diese Wesenheit ein Mensch oder ein höheres Wesen ist. Was eine Wesenheit ist bleibt dem modernen Menschen aber verborgen, weil er sich fast ausschließlich im und am Körper erlebt. Der irdische Name bezeichnet den Körper: Der Mensch ist das einzige geistige Wesen, das einen individuellen physischen Leib hat. Dieser ist es, der in der Verdunkelung der Wesensschau unabhängig vom Wesen wahrgenommen und benannt werden kann.

Legt der Mensch beim Tode seinen Anteil an der Natur ab, so wechselt er in eine Daseinsform über, die der der hierarchischen Wesen nahesteht: Es ist dann nichts mehr an ihm, was unabhängig vom Wesen ein Sein hätte, wie es auf Erden ist; er ist dann *nur* Wesen, und das heißt: ein Wort, ein Name, identisch mit seinem «Tun», seiner «Aufgabe», seinen «Wandlungen». Irdische Worte sind demgegenüber unzulänglich, ihr wahrer Sinn kann erst durch Meditation gefunden werden. So heißt es bei Rudolf Steiner[14]:

«Das was der Mensch ausspricht, was in das flüchtige Wort übergeht, das würde zugleich wie ein Sichselber-Aussprechen des Menschen sein, sein Wesen und zugleich seine Offenbarung – dann haben Sie das, wie sich die Menschen in der Mitte zwischen Tod und neuer Geburt, ihr eigenes Wesen unterscheidend und sich offenbarend, begegnen. Wort begegnet dem Wort, artikuliertes Wort begegnet dem artikulierten Worte, innerlich belebtes Wort begegnet dem innerlich belebten Worte. Aber die Menschen sind ja die Worte, ihr Zusammenklingen ist Zusammenklingen des artikulierten Wortwesens. Da leben die Menschen so, daß Undurchlässigkeit nicht da ist: Da leben die Menschen wirklich miteinander, und es geht das eine Wort, das der eine Mensch ist, in dem anderen Worte, das der andere Mensch ist, auf. Da werden jene schicksalsmäßigen Zusammenhänge gebildet, die dann in der Nachwirkung für das folgende Erdenleben bleiben, und die sich so äußern, daß die Menschen, wenn sie sich begegnen, zusammenkommen und gewissermaßen Sympathie und Antipathie fühlen. Dann ist dieses Fühlen der Abglanz dessen, als was sich die Menschen im Geisterlande in der Mitte zwischen Tod und neuer Geburt angesprochen haben. So haben wir miteinander geredet, die wir selber die Rede waren, wie wir uns jetzt auf der Erde nur im schattenhaften Abbilde des Gefühles wiederum finden. »

Wie der Mensch nach dem Tode im Geisterland, so haben die Engelwesen auch nichts außer ihrem Wesen, nichts, das benannt werden könnte. Sie sind *ganz* ihr Wesen, ganz Wort, ganz Name, der nicht etwas anderes, sondern allein ihr Sein bedeutet, identisch mit ihrer Aufgabe, wenn sie in einem Gesicht dem Menschen erscheinen. So ist Gabriel bei der Verkündigung identisch mit «seinen Worten», die in der Intuition der Jungfrau zu menschlichen Worten werden: Er *ist* diese Intuition, ist in seinem Wesen ganz die Botschaft.

Die Wesenheit ist der wahre Name, die Aussage, Botschaft, die «wollende Idee»[15] oder Urbeginn. Denn Wesenheiten sind anfangsfähig, sie können eine Kausalkette unterbrechen oder beginnen – das Wort «arché» birgt in sich das Kennzeichnende von Beginn,

Prinzip, Beherrschen. Die «wollende Idee» zu erleben ist die Erfahrung von Wesenheiten, die die «Mitteilung», die «Botschaft» – «Angelos» heißt Bote – selber sind: Sie können sich ja in keiner irdischen Sprache äußern. Sie «sprechen» von innen, aus der Seele des Menschen, der ihnen begegnet[16]:

«Wie unhervorgerufen erhebe sich in Ihnen irgendein Gedanke, an den Sie zunächst nicht gedacht haben. Er nimmt Ihre Seele so in Anspruch, daß er Sie erfüllt, so daß Sie zu dem Gefühl kommen können: Sie können diesen Gedanken gar nicht mehr unterscheiden von sich selbst, Sie seien ganz eins mit dem Gedanken, der da aufgetaucht ist. Wenn Sie das Gefühl haben, der Gedanke lebt und zieht Ihre Seele mit sich; die ist mit ihm verbunden und man könnte ebensogut sagen, der Gedanke ist in der Seele wie die Seele im Gedanken, so ist das etwas Ähnliches im Sinnessein, wie man sich bekannt macht und benimmt mit den Wesenheiten der höheren Hierarchien. Die Worte, ‹man ist neben ihnen, man ist außer ihnen› verlieren allen Sinn. Man ist *mit* ihnen, wie die Gedanken in einem leben, aber nicht so, daß man sagen kann: Die Gedanken leben in einem, sondern daß man sagen muß: der Gedanke denkt in einem. Sie erleben *sich*, und man erlebt das Erleben der Wesenheiten mit. Man ist drinnen in den Wesenheiten, man ist eins mit ihnen, so daß man sein ganzes Wesen in der Sphäre, in der die Wesenheiten leben, ausgegossen hat und man ihr Sein miterlebt, indem man ganz genau weiß, sie erleben sich darinnen.» Ich erkenne, wie ich erkannt werde (1 Kor 13,12).

Den drei Engelerfahrungen im Lukas-Evangelium

45

ist gemeinsam, daß die Begegnung für den Menschen erschreckend ist (Luk 1,12; 1,29; 2,9); die ersten Worte des höheren Wesens gelten der Beruhigung: «Fürchte dich nicht, fürchtet euch nicht.» Das mächtigere Wesen, das stärkere Wort scheint das schwache menschliche Ich-bin auszulöschen. Rilke gibt eine sachgemäße Schilderung von solchen Begegnungen:

Wer, wenn ich schriee, hörte mich denn aus der Engel
Ordnungen? und gesetzt selbst, es nähme
einer mich plötzlich ans Herz: ich verginge von seinem
stärkeren Dasein. Denn das Schöne ist nichts
als des Schrecklichen Anfang, den wir noch grade
ertragen,
und wir bewundern es so, weil es gelassen
verschmäht,
uns zu zerstören. Ein jeder Engel ist schrecklich.
(Erste Duineser Elegie)

Jeder Engel ist schrecklich. Und dennoch, weh mir,
ansing ich euch, fast tödliche Vögel der Seele,
wissend um euch. Wohin sind die Tage Tobiae,
da der Strahlendsten einer stand an der einfachen
Haustür,
zur Reise ein wenig verkleidet und schon nicht mehr
furchtbar;
(Jüngling dem Jüngling, wie er neugierig hinaussah).
Träte der Erzengel jetzt, der gefährliche, hinter den
Sternen
eines Schrittes nur nieder und herwärts: hochauf-
schlagend erschlüg uns das eigene Herz. Wer seid ihr?
(Zweite Duineser Elegie)

Eine Gemeinsamkeit der Verkündigungen ist ihr Thema: Die Geburt eines Kindes, die vom Alltagsbewußtsein als höchst unwahrscheinlich, ja unmöglich beurteilt werden muß. So kommt Zacharias nicht umhin, dem Erzengel seine Zweifel entgegenzuhalten (Luk 1, 18) – er und auch sein Weib sind alt –, und er muß dann bis zur Taufe des Geborenen stumm bleiben, damit seine inadäquate Rede, die nicht aus *entsprechender* Bewußtseinsebene erklungen ist, gesühnt werde und er «des heiligen Geistes voll» weissagen kann, «was aus dem Kindlein werden soll» (Luk 1, 66–79). Die Zweifel an den Möglichkeiten der geistigen Geburt sind auch in der Geschichte Abrahams (1 Mos 17, 17) und Saras (1 Mos 18, 12) zu finden und ähnlich im Gespräch des Herrn mit Nikodemus (Joh 3, 4). Es ist stets das mangelnde Vertrauen zum göttlichen *Wort*, das – vielleicht vorübergehend – die Eintracht des Menschen mit der Gottheit stört; es kann jedoch schwerwiegende Folgen haben. So wird Moses und Aaron das Betreten des gelobten Landes verweigert, weil sie, anstatt mit dem Fels zu «reden», durch zwei Schläge mit dem Wunderstab Moses' ihn zum Hergeben seines Wassers bewegen (4 Mos 20, 11–12); Zweifel und Unsicherheit sind die gemilderten Ausdrücke für den «Kampf» mit dem Engel.

Die Verkündigung Mariae

Unsicherheit und Zweifel findet man in der «großen» Verkündigungsszene Mariae nicht. Der Satz «Denn bei Gott ist kein Ding unmöglich» (Luk 1, 37) findet bei ihr volles Verständnis, weil sie ihn wie jeder, der eine wenn auch kleine Intuition erlebt, in einer erhöhten Bewußtseinssphäre erfährt. So ist es auch in der Lobpreisung, im Lobgesang Mariae bei ihrem Besuch und ihrem Gespräch mit Elisabeth. Nach der Geburt Jesu wird sie vieles von dem nicht mehr wissen, was ihr vorher geoffenbart wurde: Sie wundert sich über die Rede der Hirten (Luk 2, 18), dann über die Weissagung des Simeon (Luk 2, 33) und auch über die Worte des Zwölfjährigen im Tempel (Luk 2, 50).

Die Begegnung mit einem höheren Wesen bedeutet, daß der Mensch der ihm entgegenleuchtende Idee ganz an seiner Quelle erfaßt. Man kann natürlich in der Richtung der Quelle immer weiter nach oben gehen: Selbst Gabriel ist Bote, Vermittler, und die letzte und höchste Quelle ist der Ursprung aller Schöpfung. Immerhin kann die Begegnung ganz individuell sein, eine Idee vermitteln, die allein den Empfangenden angeht, oder sie kann Allgemeines verkünden, wie es mit den Hirten geschieht. Ist die Botschaft individuell – und das war sie in höchstem Maße bei Maria –, dann wird der Name des

Boten (Luk 1, 26) und der Name des Empfangenden
genannt (Luk 1, 27, 30). Rilke erfaßt dieses einzigartige
Individuelle und schildert es durch die Begegnung der
Blicke zwischen Mensch und Erzengel:

Mariae Verkündigung

Nicht daß ein Engel eintrat (das erkenn),
erschreckte sie. Sowenig andre, wenn
ein Sonnenstrahl oder der Mond bei Nacht
in ihrem Zimmer sich zu schaffen macht,
auffahren –, pflegte sie an der Gestalt,
in der ein Engel ging, sich zu entrüsten;
sie ahnte kaum, daß dieser Aufenthalt
mühsam für Engel ist. (O wenn wir wüßten,
wie rein sie war. Hat eine Hirschkuh nicht,
die, liegend, einmal sie im Wald eräugte,
sich so in sie versehn, daß sich in ihr,
ganz ohne Paarigen, das Einhorn zeugte,
das Tier aus Licht, das reine Tier –.)
Nicht, daß er eintrat, aber daß er dicht,
der Engel, eines Jünglings Angesicht
so zu ihr neigte; daß sein Blick und der,
mit dem sie aufsah, so zusammenschlugen
als wäre draußen plötzlich alles leer
und, was Millionen schauten, trieben, trugen,
hineingedrängt in sie: nur sie und er;
Schaun und Geschautes, Aug und Augenweide
sonst nirgends als an dieser Stelle –: sieh,
dieses erschreckt. Und sie erschraken beide.
Dann sang der Engel seine Melodie.

Selbst «Blick» und «Melodie» sind menschliche, wenn auch sehr geeignete, Ausdrücke für die Mitteilung, die weder von innen noch von außen geschieht; auch die Gestalt der geflügelten Engelwesen kommt in ihrer imaginativen Verbildlichung dem Wesensrang, der Stärke des Seins am nächsten.

Weder von innen, noch von außen: Das wird in der traditionellen Verbildlichung durch ein «sowohl als auch» dargestellt. Die Bilder der Verkündigung zeigen Maria nämlich entweder lesend oder über das Gelesene sinnend, so daß das Buch am Lesepult liegt oder noch in der Hand der Jungfrau ist oder neben ihr am Boden. Welche Stelle hat sie denn gelesen, die sie zum Gebet, zur Meditation, zum Sinnen angeregt hat? Daß das Buch das Alte Testament ist, kann man als gesichert annehmen. Die Stelle aber ist auf den meisten Bildern nicht festzustellen. Grünewalds Bild auf dem Flügel des Isenheimer Altars zeigt es uns genau: Die Schrift ist bei Jesaia 7,14 aufgeschlagen, und man liest: Ecce virgo concipit et pariet – Siehe, die Jungfrau empfängt und gebiert. Daß es um eine besondere Lektüre geht, zeigt Grünewalds Darstellung, indem derselbe Text, in etwas unterschiedlicher Form auf beiden Seiten der Schrift zu lesen ist – als ob er sagen wollte: Sie kann jetzt gar nichts anderes lesen.

Die Intuition im Gebet, im Sinnen nach der Lektüre oder bei der Lektüre, die Intuition, die zugleich Ga-

Abbildung 2: Grünewald, Verkündigung, aus dem Isenheimer Altar (Colmar).

briel ist, der ihr nun, von außen dargestellt, «erscheint» und dasselbe «sagt», die Intuition ist wohl diese: *Das betrifft mich, nicht eine andere Jungfrau, ich bin's, die Schrift bezieht sich auf mich, ich bin gemeint – ich nehme es auf mich.* Das ist der Inhalt des Gesprächs mit Gabriel. Rilke gibt es so wieder:

Verkündigung

Die Worte des Engels

Du bist nicht näher an Gott als wir;
wir sind ihm alle weit.
Aber wunderbar sind dir
die Hände benedeit.
So reifen sie bei keiner Frau,
so schimmernd aus dem Saum:
ich bin der Tag, ich bin der Tau,
du aber bist der Baum.

Ich bin jetzt matt, mein Weg war weit,
vergieb mir, ich vergaß,
was Er, der groß in Goldgeschmeid
wie in der Sonne saß,
dir künden ließ, du Sinnende,
(verwirrt hat mich der Raum).
Sieh: ich bin das Beginnende,
du aber bist der Baum.

Ich spannte meine Schwingen aus
und wurde seltsam weit;
jetzt überfließt dein kleines Haus
von meinem großen Kleid.

Und dennoch bist du so allein
wie nie und schaust mich kaum;
das macht: ich bin ein Hauch im Hain,
du aber bist der Baum.

Die Engel alle bangen so,
lassen einander los:
noch nie war das Verlangen so,
so ungewiß und groß.
Vielleicht, daß Etwas bald geschieht,
das du im Traum begreifst.
Gegrüßt sei, meine Seele sieht:
du bist bereit und reifst.
Du bist ein großes, hohes Tor,
und aufgehn wirst du bald.
Du, meines Liedes liebstes Ohr,
jetzt fühle ich: mein Wort verlor
sich in dir wie im Wald.

So kam ich und vollendete
dir tausendeinen Traum.
Gott sah mich an; er blendete . . .

Du aber bist der Baum.

Das Gedicht ist auf die Polarität Engel–Mensch gebaut: Auf der einen Seite Tag, Tau, das Beginnende,
ein Hauch im Hain, auf der anderen «Der Baum» – das
feste Irdische, aber lebend und rein und rein Frucht-
tragend. Der «Dialog» ist eigentlich weder Dialog
noch Monolog, geschieht als ein einziges Geschehen
(«meine Seele sieht . . .»): Als ob das ganze Geschehen

im Blicken (mit dem Wort des oben wiedergegebenen Gedichtes, das aber das spätere ist) vor sich gehen würde. Man spürt auch, daß der Engel groß ist und von der rechten Seite (für den Schauenden) hereintritt, was von Maria her die linke Seite bedeutet, wie es das Bild von Grünewald und die vielfachen Darstellungen des El Greco zeigen. Auf vielen Bildern steht der Engel auf der linken Seite, doch da ist er nie so mächtig, so übermenschlich im Erscheinen.

Der Tag, der Tau, das Beginnende, der Hauch berühren den Baum: und er wird Frucht tragen.

Wie es bei den großen Meditationsthemen der Fall ist, so ist auch der Sinn oder der Appell dieser Szene von Zeitalter zu Zeitalter ein anderer. Es gibt Texte, die man nicht informativ lesen kann, lesen sollte: Das sind meditative Texte; dasselbe gilt für entsprechende Bilder. Unter diesen findet man solche, deren Inhalt nicht etwas der Seele Fremdes ist, der sich nicht auf andere Menschen, Orte, Zeiten bezieht, sondern der «hier und jetzt» als Aufgabe, Möglichkeit, Wendepunkt des eigenen Lebens und dadurch der Menschheitsgeschichte (vielleicht in bescheidenem Maße) zu vernehmen ist: Nur so ist der Text *wirklich* zu verstehen. Für Maria ist der Jesaia-Text von dieser Art: Hier und jetzt. Der letzte Zweizeiler des Cherubinischen Wandersmanns flüstert dies zu, nachdem in vielen

Abbildung 3: El Greco, Verkündigung (Museum für schöne Künste, Budapest).

Hunderten von Versen das ganze Christentum aufgearbeitet worden ist:

Freund, es ist auch genug. Im Fall du mehr willst lesen,
So geh und werde selbst die Schrift und selbst das
Wesen.

Der sinnlos gewordenen Geschichte einen neuen Sinn zu geben: Darum geht es. Im entgegengesetzten Falle heißt es im Wandersmann:

Wird Christus tausendmal in Bethlehem geboren
Und nicht in dir: du bleibst noch ewiglich verloren.

Schrift *und* Wesen ist die Ganzheit des Wortes. Denn die «Schrift» ist die Außenseite, das Zeichenhafte; das Wesen ist, was man verstehen kann, das Gemeinte, was das Zeichen sagen will, dessen Zeichen es ist. «Es liegt an dir, fange an, es geht um dich» – das ist die Botschaft des Bildes der Verkündigung. Rilke, der lebenslang mit der Verinnerlichung der Welt umgegangen ist, deren Regeln und Formen und Gebärden ihn zu dichten inspiriert haben, spricht es im letzten der Orpheus-Sonette aus:

Stiller Freund der vielen Fernen, fühle,
wie dein Atem noch den Raum vermehrt.
Im Gebälk der finstern Glockenstühle
laß dich läuten. Das, was an dir zehrt,

wird ein Starkes über dieser Nahrung.
Geh in der Verwandlung aus und ein.
Was ist deine leidendste Erfahrung?
Ist dir Trinken bitter, werde Wein.

Sei in dieser Nacht aus Übermaß
Zauberkraft am Kreuzweg deiner Sinne,
ihrer seltsamen Begegnung Sinn.

Und wenn dich das Irdische vergaß,
zu der stillen Erde sag: Ich rinne.
Zu dem raschen Wasser sprich: Ich bin.

Blicken wir auf uns selbst zurück, so scheint es, als ob
gerade der Opfercharakter der uns jeweils zufallenden
Aufgaben – erinnern wir uns an das Wort Simeons
(Luk 2, 35): «... und es wird ein Schwert durch deine
Seele dringen» – den Menschen davor schützt, daß er
einer Art von Größenwahn anheimfällt. Denn diese
Aufgaben nimmt das Eigenwesen, die Egoität nicht
gern auf sich: sie sind nie bequem, nie populär, nie an-
sehnlich. Wir haben es nicht mit sichtbaren Drachen,
Feinden und großangelegten Versuchungen zu tun: Es
geht um die kleinen unansehnlichen Aufgaben einer
Wüstenwanderung, deren Ende nicht abzusehen ist.
Eingesperrt in das Bewußtsein des Leblosen, scheinen
die aufgetragenen Aufgaben nicht bewältigbar – man
kann sich nicht lange durch Redearten, Phrasen, durch
Wissen über das Leben des Geistes täuschen: Immer
wieder stößt man sich an den ungeändert gebliebenen
Fähigkeiten und wird des Stehengebliebenseins gewahr. Irrtum ist die notwendige Folge, und man wird
nur durch das Schrecknis, selbst ein Irrtum zu sein,
durch den Seiltanz der Unsicherheit in den Raum oder
die Raumlosigkeit des Sich-Besinnens hineingehalten,
in den Vorhof des geistigen Lebens. Im Hof der Bewußtseinsseele ist der Ort zu entdecken, wo der Sa-

men des Logos verborgen wartet: Ein Samen, der der Seele eigen ist und durch sich selbst zunehmen kann. Er nimmt zu, wenn der Mensch ihn pflegt; er nimmt ab, wird zum Krankheitskeim, wenn der Mensch ihn nicht hütet, nicht um ihn sorgt. Der Logos ruht winterlich im Schoß der Seele und umfängt diese doch zugleich. Man kann im Winter nicht wissen, ob der Same aufkeimt oder hinstirbt. Das Betroffenwerden von einer Textstelle kann ein Anfang sein.

Über die Freude

Was für das Eigenwesen unannehmlich oder sogar schmerzhaft ist, kann für das wahre oder höhere Wesen des Menschen Freude sein. Das geistig inspirierte Tun *ist* Freude, und *diese* Freude umrandet die Geburt des Kindes – jede Geburt, auch die der Ideen –, wie sie in den Evangelien geschildert ist. Evangelium heißt ja «Gute Botschaft». Die ursprüngliche Einheit des Willens-, Gefühls- und Bedeutungsanteils in den mächtigen Ideen der Natur und der Sprache zeigt, daß die *ursprüngliche* Gefühls- und Willenswelt dem Menschen nur Ideen-geleitete, mit Ideen verbundene, d. h. erkennende und schöpferische Gefühle und Willensimpulse darbietet. Reine Gefühle und Willensimpulse treten daher nur im Zusammenhang mit Ideen auf. Das ist heute kaum noch der Fall. Wie aber hinter den verlorenen Denkkräften, die das bloß Assoziative und die rein mechanistische Denkweise hinterlassen haben, eine Metamorphose des Noch-nicht-Denkbaren zum prinzipiell Begriffslosen liegt, so ist hinter den selbstempfindenden, nicht-erkennenden, nicht-kommunikativen «Privatgefühlen» eine fundamentale Metamorphose der fühlenden Ideenhaftigkeit zu suchen und zu finden: Logos-Verlust auch im Fühlen. Wie das Lichthafte, Ideenhafte, Worthafte seine Urquelle in

dem Wesen des Logos hat, haben alle Gefühle eine Urquelle, aus der sie in mehr oder weniger metamorphosierter Form herrühren. Wenn wir nach diesem Urge-
fühl suchen, werden wir am sichersten von dem Text
des Johannes-Evangeliums geleitet, in dem das Logos-
Wesen seinen Gefühlscharakter offenbart: dieses Gefühl wird *Freude* genannt.

In der Menschenwelt tritt Freude in sehr mannigfaltigen Fragen und unter ebenso mannigfaltigen Bedingungen auf. Der Erwachsene kennt meistens Freuden,
die durch äußere oder innere Umstände *verursacht* sind,
und diese gehen durch eine kontinuierliche Skala in
Wohlgefühle und Genüsse – seelischer oder körperli-
cher Art – über. Beim kleinen Kind kann man andere
Freuden erleben, die mit der *Sprachfähigkeit* zusammen
auftreten. Das Sprechen fängt mit der Begegnung der
Blicke zwischen Kind und Erwachsenem an, deren Erfahrung in ihrer Qualität einzigartig ist und lebenslang
einzigartig bleibt: keinem anderen Objekt gegenüber
wird *jener* Blick, *jenes* Schauen ausgeübt, der im Hin-
einblicken in ein Menschenauge auftritt. Nicht Einzel-
heiten werden gesehen – oft erinnert man selbst die
Farbe des Auges kaum, in das man geblickt hat –, das
sprechende Wesen des Menschen ist es, das uns durch
den Blick des Auges anspricht, das wir mit unserem
Blick ansprechen.

Der nächste Schritt im «Sprechenlernen» erfolgt als
das gegenseitige Anlächeln des Kindes und des Erwachsenen. Dieses Lächeln ist Zeichen der Freude, ist
selber Freude: Freude am beginnenden Gespräch, am
Teilhaftigwerden an der Menschengemeinschaft. Des-

halb ist weder der Blick der Augen noch das Lächeln im Tierreich zu finden. Das Kind hat Freude am Erleben des Worthaften, das mit Blicken und Lächeln beginnt, mit gezielten Bewegungen fortgesetzt wird, die, wie später die tausend wiederholten Fragen, selbst als Tun Freude sind. Den wiederholten Fragen muß man immer durch die Wiederholung der erstgegebenen Antwort begegnen: Denn es sind keine wirklichen Fragen – die kommen viel später –, sondern bloß Mittel, um ins Gespräch zu kommen.

Diese Freude *am Tun* findet man im Leben des Erwachsenen nur in der künstlerischen Tätigkeit, selten im Gespräch oder bei der handwerklichen Tätigkeit. In allen diesen Geschehnissen ist das Element der Freude *das Wort, der Logos*.

So ist es zu verstehen, wenn man liest[17]: «Frei ist der Mensch in dem Maße, als er in seinem Wollen dieselbe Seelenstimmung verwirklichen kann, die in ihm lebt, wenn er sich der Ausgestaltung reiner idealer (geistiger) Intuitionen bewußt ist.» Die gemeinte Seelenstimmung ist die Freude am Tun, am Geschehen – nicht am Ergebnis des Tuns. Durch die Freude am Tun nähert sich der Mensch der Quelle der Freude. Diese Quelle ist das geistig erlebte Sein selbst, das stets als Werden erfahren wird. Das erklärt die sonst kaum verständlichen Stellen im Johannes-Evangelium, wo der Abschied-Nehmende wiederholt über seine Freude spricht:

«Solches rede ich zu euch, auf daß meine Freude in euch bleibe und eure Freude vollkommen werde.» (Joh 15,11).

«Amen, Amen ich sage euch: ihr werdet weinen und

heulen, aber die Welt wird sich freuen; ihr aber werdet traurig sein; doch eure Traurigkeit soll in Freude verkehrt werden.» (Joh 16, 20).

«Und ihr habt auch nun Traurigkeit, aber ich will euch wiedersehen und euer Herz soll sich freuen, und eure Freude soll niemand von euch nehmen.» (Joh 16, 22).

«Bisher habt ihr nichts gebeten in meinem Namen. Bittet, so werdet ihr nehmen, daß eure Freude vollkommen sei.» (Joh 16, 24).

«Nun aber komme ich zu dir [zum Vater] und rede solches in der Welt, auf daß sie [die Jünger] in ihnen haben meine Freude vollkommen.» (Joh 17, 13).

«Und solches schreiben wir euch, auf daß eure Freude völlig sei.» (1 Joh 1, 4).

Die «volle» (gr. = πληρης), von Luther mit «vollkommen» oder «völlig» übersetzt – Freude, die nicht mehr genommen werden kann, ist die Urfreude am Sein, die völlig unabhängig von den irdischen Verhältnissen erlebt werden kann, wie sich das in diesen durch Abschiedstraurigkeit gezeichneten Kapiteln offenbart. Über *diese* Freude schrieb Schiller in seiner Ode:

> Freude, schöner Götterfunken,
> Tochter aus Elysium,
> Wir betreten feuertrunken,
> Himmlische, dein Heiligtum.

Und Beethoven schuf in tiefster Lebens- und Seelennot, ohne jeglichen irdischen Grund zur Freudigkeit zu haben, die IX. Symphonie, in der die Schillersche Ode die Textgrundlage für den Gesang bildet.

Auch die Idee der «Seligen» weist auf diese Urfreude als Qualität des Seins im Geistigen hin. In Dantes Beschreibung des Paradieses klingt dieses Thema mehrmals an. Die Menschenseelen werden u. a. *letizia*, d. h. «Heiterkeit» (in der Übersetzung: «Wonne») genannt: Diese Heiterkeit durchdringt als Begleiterin des anderen Grundelementes, des *Lichtes*, die ganze Sphäre.

> Die andre Wonne, die mir schon bekannt war,
> Ward funkelnd meinem Auge wie der blasse
> Rubin, wenn auf ihn trifft der Strahl der Sonne.
> Durch Wonne wird dort oben Glanz erworben
> Wie Lächeln hier ...
>
> *(Par. IX. 67 f.)*

> Aus dem größten Körper traten
> Wir in den Himmel ein, der reines Licht ist,
> Intellektuelles Licht, erfüllt mit Liebe,
> Liebe des ew'gen Guts, erfüllt mit Wonne,
> Wonn' übertreffend alle Süßigkeiten.
>
> *(Par. XXX. 38 f.)*

Der Rang der hierarchischen Wesen, der Grad ihrer Freude entspricht ihrer Kraft der Erkenntnis, ihrem Schauen:

> Hieraus läßt sich erkennen, daß begründet
> Das Seligsein ist auf den Akt des Schauens,
> Und nicht auf den des Liebens, der dann folgt.
>
> *(Par. XXVIII. 109 ff., Philalethes' Übersetzung)*

Diese Urfreude kann im Erdenleben als die Intuition der Freude erscheinen, die die Freude selbst ist, wie alle Seinsarten des rein geistigen Lebens auf Erden als die spezifisch menschlichen Fähigkeiten (Sprechen, Denken, aufrechte Haltung) wiederzufinden sind.

Ich-Wesen zu sein bedeutet: seine Grenze, seine Umhüllung zu haben, die einen von der geistigen Umgebung abtrennt und gegen das Aufgehen in ihr schützt. Diese Hülle muß aber teils durchlässig sein, damit Kommunikation, Erkenntnis, Sinn für das Ich-Wesen möglich werden. Es ist allein das worthafte Element, das im intuitiven Denken, im Wahrnehmen, im Fühlen und Wollen durch die Begrenzung gehen kann – wenn auch teilweise in metamorphosierter Gestalt. Wenn die zwei Funktionen – Abgrenzung und Durchlässigkeit – im Gleichgewicht sind, erlebt das Ich-Wesen die Urfreude. Und weil der Mensch auf Erden zumeist im Vergleich mit seinen Möglichkeiten im Hintertreffen ist, erlebt er selten dieses Gleichgewicht und die Freude am Sein.

Der Umgang mit geistigen Wahrheiten, geistigen Erkenntnissen sollte die Erfahrung der Urfreude näher bringen[18]:

«Wird die Menschheit die Theosophie [Anthroposophie] richtig aufnehmen, so wird die wahre Heiterkeit, die zugleich die Quelle tiefer Gesundheit ist, der Menschheit wieder gegeben werden.» – «Wir kommen immer mehr zu dem Erkennen der wahren Quelle echter Heiterkeit und Freude, ewiger Jugend, wenn wir uns bekannt machen mit dem tief ethischen Begriff des Überpersönlichen ...» – «Der Geist drückt sich nie in einem vergrämten Gesicht aus. Das vergrämte Gesicht ist der Ausdruck eines noch nicht gereinigten Egoismus.»

Der Abglanz der Urfreude lebt im Humor: Dieser ist die Stelle der Leichtigkeit im schweren Leben, aus dem er den Menschen heraushebt.

Selbstverständlich kann diese Heiterkeit nur aus Erfahrung kommen, nicht geheuchelt, nicht bloß vorgestellt werden; sie ist eine Intuition, in der – wie in jeder anderen – Sein und Erkennen *eins* sind. Diese Intuition hat allerdings auch in ihrer Auswirkung, auch als Erinnerung ihre Ausstrahlung auf einen geistigen Übungsweg: Sie *ist* die richtige Gesinnung auf diesem Weg. Wird im Üben alsbald keine Freude am Tun erlebt, dann sollte solang an ihm gearbeitet werden, bis die freudige Erwartung auf das Tun eintritt. Im obigen Falle wird sicherlich etwas auf dem Übenden nicht entsprechende Weise gemacht, und es bringt zuerst wenig Früchte, wenn das Üben nicht mit Freude begleitet wird.

Die Freude als Sein ist auf Erden eine hohe Intuition; die Freude am Tun entzündet sich am intuitiven Erleben oder Tun; die anders *verursachten* Freuden haben ihre Verbindung mit dem Erkennen, mit dem Worthaften eingebüßt. Zur *Intuition* der Freude kann die tiefgreifende Meditation führen, die von Massimo Scaligero stammt:

> Conosci la pura gioia? Conoscerai il divino.
> Kennst du die reine Freude? Du wirst das
> Göttliche erkennen.

Man kann auch einfach «Reine Freude» meditieren.

Die zwei Evangelien, die über die Geburt des Kindes berichten, vergessen nicht, die Freude zu erwähnen, durch die das Geschehen begleitet wird. Matthäus beschreibt die Freude der sterngeleiteten Weisen, die durch Jerusalem nach Bethlehem wandern (Matth. 2, 9–10): «Und siehe, der Stern, den sie im Morgenland gesehen hatten, ging vor ihnen hin, bis daß er kam und stand oben über, da das Kindlein war. Da sie den Stern sahen [daß er stehen blieb], erfreuten sie sich mit sehr großer Freude.»

In den Magier-Königen lebte die damals sonst erloschene Sternen-Weisheit der alten Seher weiter. Was diese unter «Sternenwelt» verstanden haben, können wir heute nicht mehr nachempfinden, weil wir von den Prozessen des Bewußtseins zunächst nichts in Erfahrung bringen. Für sie war «Sternenwelt» das, was nicht die Erde war, d. h. was mit dem gewöhnlichen Bewußtsein nicht zu erleben war. Was für das gewöhnliche Bewußtsein nicht zu erleben ist, das ist ihm nicht ganz fremd, es ist sogar seine Vorbedingung, das Vorbewußte oder Überbewußte, das Grundelement des Verstehens.

Das Bewußtsein – Denken, Fühlen, Wollen – war für sie und ist auch heute nicht etwas, das von der Erde stammt, sondern aus der Sternenwelt. Die «Erde» ist das Ergebnis, nicht die Quelle des Bewußtseins, das in der Sternenwelt urständet. Die Sternenwelt bedeutete somit für die alten Weisen die eigene Welt des Bewußtseins, das Überbewußte. Die Sterne waren Ausdruck für die Bewußtseinsprozesse der Götter, die die Weltenprozesse nicht gespiegelt, sondern gelenkt und vorausgekündigt haben, da der Weltenprozeß als Bewußtseinsprozeß mit der sternhaften Bewegung der Gott-

66

heit identisch war. Das Aufleuchten der göttlichen Freude über jenes Geborenwerden warf seinen Widerschein in die sinnlich-übersinnlich erlebbare Sternenwelt und erreichte mit seinen Strahlen das Herz der pilgernden Weisen.

Dasselbe Geschehen wird in bildlicher Form im Lukas-Evangelium geschildert (2, 10). Da spricht der Engel des Herrn zu den Hirten über diese Freude im Himmel: «Fürchtet euch nicht; siehe, ich verkündige euch große Freude und auch allem Volk ...» Wie bei den Königen vom Stern steigt die Freude hier vom Engel auf die Erde.

«... und Friede auf Erden ...»

Die Geburt auf Erden – einer neuen Idee, eines Kindes, alles Neuen – zeigt eine zweifache Bewegung: Ein von oben Kommendes wird von einem aufwärts Entgegenstrebenden, Empfangenden aufgenommen, das inspirierte Wort von oben durch das Entgegenschweigen von unten. Dieser Befruchtung des Unteren von oben geht die Sammlung der Aufmerksamkeit voran, die individuelle Adventszeit.

Durch die grundlegende zweifache Bewegungsform werden zwei Weltgebiete zusammengeschlossen: Das macht das Wesen der Kommunion aus. «Das Gewahrwerden der Idee in der Wirklichkeit» (es ist in diesem Zusammenhang die Wahrnehmungswirklichkeit gemeint) «ist die wahre Kommunion des Menschen.»[19] Außen und innen, oben und unten, Wahrheit und Sein, Subjekt und Objekt, Wahrnehmen und Denken werden zusammengeführt, sei es in der Erkenntnis, sei es in der religiösen Erfahrung. In beiden Fällen kann man von einer gegenseitigen Adaequatio (Thomas von Aquin, De Veritate), einer Anpassung oder Angleichung sprechen, aus der das jeweilige *wahre* Wirklichkeitsbild entsteht. Religio heißt Wiedervereinigung und *intellegere* heißt Zwischen-Verbindung oder Dazwischen-Lesen, das heißt zwischen den erscheinenden wahrnehmlichen Zeichen den verbindenden Sinn zu finden. In der Religio überwiegt die Richtung von oben nach unten, in dem Intellegere die Richtung von unten nach oben. Für unsere Zeiten gilt: «Was von den Höhen kam, mußte aus den Tiefen wiedergefunden werden.»[20]

Was Thomas von Aquin die Adaequatio genannt hat, taucht in der zeitgenössischen Philosophie unter dem Terminus «Intentionalität» auf. Intentionalität bedeutet die Eigenschaft des Bewußtseins, auf etwas gerichtet zu sein. Man kann fragen: Was ist denn dieses «Etwas»? Da es auch solches sein kann, das nicht von außen – durch Wahrnehmen oder durch einen Text – gegeben ist (z. B. ein Einhorn), wird ersichtlich, daß das Bewußtsein selbst auch in dem gegebenen Etwas eine kleinere oder größere Rolle spielt. So ist dieses Etwas teilweise – wenn es ein Gegebenes ist – oder gänzlich – wenn es nur aus dem Bewußtsein entsteht – ein Produkt der Seele. Im letzteren Fall ist die Frage ganz zugespitzt: Wird das Neue allein durch den Menschen, durch sein Bewußtsein hervorgebracht? Hat dieses eine innere Norm oder eine vorgegebene Regel oder einen «Stoff», aus dem es gestaltet? Was bedeutet in *diesem Fall* Intentionalität?

Nun ist das Erscheinen des «Neuen» meistens ein Ausnahmegeschehen im Alltag, den man mehr oder weniger dem Zufall zuschreibt. In einer geistigen Schulung, die vor allem die Fähigkeit der Aufmerksamkeit verstärkt, wird die Vorbereitung für das

«Neue» andauernd gepflegt. So kann der Übende, der auch im Beobachten der Bewußtseinsprozesse erfahren ist, wissen, daß das weihnachtliche Geschehen, wie es im Neuen Testament besonders bei Lukas dargestellt wird, wie eine monumentale Vergrößerung jener Vorbereitung ist, die er täglich vornimmt. So sind auch die Bilder der Evangelien vom frühen Mittelalter an aufgefaßt worden. Die Geburt der kindlichen, empfangenden Aufmerksamkeit, die dann den von oben kommenden Logos entgegennimmt, entspricht der meditativen Gebärde: dem «leeren», das Thema bis zur Durchsichtigkeit durchdringenden, nichtintentionalen, erwartenden Blick, dem «gedankenkräftigen Verhalten der Seele».[21] Das bedeutet, daß die Seele die innere *Kraft* des Denkens beibehält, ohne ein bestimmtes Etwas zu denken. Dieser Öffnung im Bewußtsein antwortet von oben das *Wort*. Der Vereinigung des Menschlichen und des Göttlichen in höchster Form, vom Evangelium bildhaft dargestellt, entspricht im Bewußtseinsleben im homöopathischen Maßstab jedes neue Verstehen, jede Erfassung einer neuen Idee. Das gilt namentlich dann, wenn ein wirkliches – nicht nominelles –, alles durchleuchtendes Verstehen stattfindet: Denn dieses ist gleichbedeutend mit der Erfassung einer neuen Idee. Die aber kommt *immer* von oben, aus dem überbewußten geistigen Teil der Seele, über den Abgrund, der ihn von der Bewußtheit trennt. Im Augenblick des Erleuchtetwerdens ist der Abgrund überbrückt, sind die zwei Ufer des Abgrundes zusammengeschlossen. Damit verschwinden für diesen Augenblick alle Realitäten: Außen–Innen, Subjekt–Objekt, Wahrnehmen–Denken, Form–Materie, Himmel–Erde. Die Brücke über den Abgrund ist das Wort: Seine Erscheinung, das Zeichenhafte ist auf dem Alltagsufer des Abgrunds; die Bedeutung, das Verstehen, dessen Zeichen *hier* erscheint, geschieht *dort*, jenseits des Abgrunds, auf der höheren potentiellen Ebene des Bewußtseins, die gewöhnlich in die Wolken des Überbewußten gehüllt ist. Der Zusammenschluß im kosmischen Ausmaß würde jegliches Nichtverstehen, damit alle Disharmonien, Feindlichkeiten, Kriege aufheben: ein Bild des Friedens, des *wahren* Friedens, von dem im Neuen Testament wiederholt die Rede ist:

«Den Frieden lasse ich euch, meinen Frieden gebe ich euch. Nicht gebe ich [ihn] euch, wie die Welt [ihn] gibt.» (Joh 14, 27).

«Und der Friede Gottes, der alle Vernunft übersteigt, bewahre eure Herzen und Gedanken in Christo Jesu.» (Phil 4, 7).

Über diesen Frieden singen die Engelchöre im «Traum» der Hirten (Luk 2, 14–):

«*Doxa* Gott in den Höhen und Friede auf Erden und den Menschen *Eudokia.*»

Wenn die zwei Kardinalworte Doxa und Eudokia auch in der menschlichen Verwirklichung zusammenklingen, *dann* wird Frieden auf Erden. Sowohl Doxa als auch Eudokia kommen aus demselben Verb *dokeo* «es scheint mir». Doxa wird am ehesten durch «aussagende Ausstrahlung», Eudokia («Wohl-Scheinung») als «richtiges Verstehen» wiedergegeben:

71

«guter Wille», «Wohlgefallen», wie Luther das Wort übersetzt, weichen von dieser Deutung nicht weit ab. In den Höhen «aussagendes Licht», dem von unten das «richtige Verstehen» entgegenkommt: Diese Elemente schließen sich zum wahren Frieden zusammen. Es geht um die Urbedeutung des Friedens, die Aufhebung aller Dualitäten. Der Lobgesang der Engelchöre über den Hirten ist die Vorverkündigung des großen Zusammenschlusses von Himmel und Erde in der Person des Herrn, Jesus-Christus, der mit Epiphania beginnt und durch das Mysterium von Golgatha in der Auferstehung des «neuen Adam» vollendet wird.

Dieser Zusammenschluß von Himmel und Erde ist das sonst verschwiegene Geheimnis:

«Zu der Zeit antwortete Jesus und sprach: Ich preise dich, Vater, Herr Himmels und der Erde, daß du dies [Geheimnis] verborgen hast vor den Weisen und den Klugen und hast es den Kindern offenbart. Ja Vater, denn es ist also richtiges Verstehen (Eudokia) geworden vor dir.» (Math. 11, 25–26). Das richtige Verstehen ist durch das kindliche empfangende Gemüt geworden.

Der Epheserbrief handelt am Eingehendsten über den wahren Frieden: «Und er hat uns wissen lassen das Geheimnis seines Willens gemäß seinem richtigen Verstehen (eudokia), das er in sich vorausgesetzt hat, um das Geschehen, wenn die Zeiten (kairoi) erfüllt werden, daß alle Dinge zusammengeschlossen werden in Christo, das im Himmel und das auf Erden.» (Eph 1, 9–10).

«Denn er ist unser Friede, der aus den Zweien [aus

der Zweiheit] Eines gemacht hat, und abgebrochen hat den dazwischen liegenden Zaun, indem er durch sein Fleisch wegnahm die Feindschaft, nämlich das Gesetz der Gebote und Verordnungen, auf daß er aus den Zweien [der Zweiheit] einen neuen Menschen in ihm selber schüfe und Frieden machte und daß er die Zweiheit versöhnte mit Gott in einem Leibe durch das Kreuz, und hat die Feindschaft getötet durch sich selbst.» (Eph 2, 14–16).

Zu dieser mächtigen Friedensfeier führen die kleinen und kleineren Schritte des Erkennens: der Adaequatio, die wie ein Vorhof in das Land des Friedens den Weg lenkt. Dazu ist der «Versöhnende» gekommen. Das Bild jenes Landes wird im Kap. 21 der Johannesoffenbarung dargestellt: das Jerusalem, in dem Gott und die Menschen zusammen wohnen. Hölderlin hat diese Möglichkeit gesehen[22]:

> Viel hat erfahren der Mensch
> Der Himmlischen viele genannt,
> Seit ein Gespräch wir sind
> und hören können voneinander.
> Die Gesetze aber,
> Die unter den Liebenden gelten,
> Die schön ausgleichenden sie sind denn allgeltend
> Von der Erde bis hoch in den Himmel.

In seiner «Friedensfeier» hat er diese Zeilen eines Entwurfs mit verarbeitet:

Friedensfeier

Der himmlischen, still widerklingenden,
Der ruhigwandelnden Töne voll,
Und gelüftet ist der altgebaute,
Seliggewohnte Saal; um grüne Teppiche duftet
Die Freudenwolk' und weithinglänzend stehn,
Gereiftester Früchte voll und goldbekränzter Kelche,
Wohlangeordnet, eine prächtige Reihe,
Zur Seite da und dort aufsteigend über dem
Geebneten Boden die Tische.
Denn ferne kommend haben
Hieher, zur Abendstunde,
sich liebende Gäste beschieden.

Und dämmernden Auges denk' ich schon,
Vom ernsten Tagwerk lächelnd,
Ihn selbst zu sehn, den Fürsten des Fests.
Doch wenn du schon dein Ausland gern verläugnest,
Und als vom langen Heldenzuge müd,
Dein Auge senkst, vergessen, leichtbeschattet,
Und Freundesgestalt annimmst, du Allbekannter, doch
Beugt fast die Knie das Hohe. Nichts vor dir,
Nur Eines weiß ich, Sterbliches bist du nicht.
Ein Weiser mag mir manches erhellen; wo aber
Ein Gott noch auch erscheint,
Da ist doch andere Klarheit.

Von heute aber nicht, nicht unverkündet ist er;
Und einer, der nicht Flut noch Flamme gescheuet,
Erstaunet, da es stille worden, umsonst nicht, jetzt,
Da Herrschaft nirgend ist zu sehn bei Geistern und
                                    Menschen.

Das ist, sie hören das Werk,
Längst vorbereitend, von Morgen nach Abend,
                              jetzt erst,
Denn unermeßlich braust, in der Tiefe verhallend,
Des Donnerers Echo, das tausendjährige Wetter,
Zu schlafen, übertönt von Friedenslauten, hinunter.
Ihr aber, teuergewordne, o ihr Tage der Unschuld,
Ihr bringt auch heute das Fest, ihr Lieben! und es blüht
Rings abendlich der Geist in dieser Stille;
Und raten muß ich, und wäre silbergrau
Die Locke, o ihr Freunde!
Für Kränze zu sorgen und Mahl, jetzt ewigen
                              Jünglingen ähnlich.
Und manchen möcht ich laden, aber o du,
Der freundlichernst den Menschen zugetan,
Dort unter syrischer Palme,
wo nahe lag die Stadt, am Brunnen gerne war;
Das Kornfeld rauschte rings, still atmete die Kühlung
vom Schatten des geweiheten Gebirges,
Und die liebenden Freunde, das treue Gewölk,
Umschatteten dich auch, damit der heiligkühne
Durch Wildnis mild dein Strahl zu Menschen kam,
                              o Jüngling!
Ach! aber dunkler umschattete, mitten im Wort, dich
Furchtbarentscheidend ein tödlich Verhängnis. So
                              ist schnell
Vergänglich alles Himmlische; aber umsonst nicht;
Denn schonend rührt des Maßes allzeit kundig
Nur einen Augenblick die Wohnungen des Menschen
Ein Gott an, unversehn, und keiner weiß es, wenn?
Auch darf alsdann das Freche drüber gehn,

Und kommen muß zum heilgen Ort das Wilde
Von Enden fern, übt rauhbetastend den Wahn,
Und trifft daran ein Schicksal, aber Dank,
Nie folgt der gleich hernach dem gottgegebnen
Geschenke;
Tiefprüfend ist es zu fassen.
Auch wär' uns, sparte der Gebende nicht
Schon längst vom Segen des Herds
Uns Gipfel und Boden entzündet.

Des Göttlichen aber empfingen wir
Doch viel. Es ward die Flamm' uns
In die Hände gegeben, und Ufer und Meersflut.
Viel mehr, denn menschlicher Weise
Sind jene mit uns, die fremden Kräfte, vertrauet.
Und es lehret Gestirn dich, das
Vor Augen dir ist, doch nimmer kannst du ihm
gleichen.

Vom Allebendigen aber, von dem
Viel Freuden sind und Gesänge,
Ist einer ein Sohn, ein Ruhigmächtiger ist er,
Und nun erkennen wir ihn,
Nun, da wir kennen den Vater
Und Feiertage zu halten
Der hohe, der Geist
Der Welt sich zu Menschen geneigt hat.

Denn längst war der zum Herrn der Zeit zu groß
Und weit aus reichte sein Feld, wann hats ihn aber
erschöpfet?
Einmal mag aber ein Gott auch Tagewerk erwählen,
Gleich Sterblichen und teilen alles Schicksal.

Schicksalsgesetz ist dies, daß Alle sich erfahren,
Daß, wenn die Stille kehrt, auch eine Sprache sei.
Wo aber wirkt der Geist, sind wir auch mit, und
streiten,
Was wohl das Beste sei. So dünkt mir jetzt das Beste,
Wenn nun vollendet sein Bild und fertig ist der
Meister,
Und selbst verklärt davon aus seiner Werkstatt tritt,
Der stille Gott der Zeit und nur der Liebe Gesetz,
Das schönausgleichende gilt von hier an bis zum
Himmel.

Viel hat von Morgen an,
Seit ein Gespräch wir sind und hören voneinander,
Erfahren der Mensch; bald sind wir aber Gesang.
Und das Zeitbild, das der große Geist entfaltet,
Ein Zeichen liegts vor uns, daß zwischen ihm und
andern
Ein Bündnis zwischen ihm und andern Mächten ist.
Nicht er allein, die Unerzeugten, Ew'gen
Sind kennbar alle daran, gleichwie auch an den
Pflanzen
Die Mutter Erde sich und Licht und Luft sich kennet.
Zuletzt ist aber doch, ihr heiligen Mächte, für euch
Das Liebeszeichen, das Zeugnis
Daß ihrs noch seiet, der Festtag,

Der Allversammelnde, wo Himmlische nicht
Im Wunder offenbar, noch ungesehn im Wetter,
Wo aber bei Gesang gastfreundlich untereinander
In Chören gegenwärtig, eine heilige Zahl
die Seligen in jeglicher Weise

Beisammen sind, und ihr Geliebtestes auch,
An dem sie hängen, nicht fehlt; denn darum rief ich
Zum Gastmahl, das bereitet ist,
Dich, Unvergeßlicher, dich, zum Abend der Zeit,
O Jüngling, dich zum Fürsten des Festes; und eher legt
Sich schlafen unser Geschlecht nicht,
Bis ihr Verheißenen all,
All ihr Unsterblichen, uns
Von eurem Himmel zu sagen,
Da seid in unserem Hause.

Leichtatmende Lüfte
Verkünden euch schon,
Euch kündet das rauchende Tal
Und der Boden, der vom Wetter noch dröhnet,
Doch Hoffnung rötet die Wangen,
Und vor der Türe des Hauses
Sitzt Mutter und Kind,
und schauet den Frieden
und wenige scheinen zu sterben.
Es hält ein Ahnen die Seele,
Vom goldnen Lichte gesendet,
Hält ein Versprechen die Ältesten auf.

Wohl sind die Würze des Lebens,
Von oben bereitet und auch
Hinausgeführet, die Mühen.
Denn Alles gefällt jetzt,
Einfältiges aber
Am meisten, denn die langgesuchte,
Die goldne Frucht,
Uraltem Stamm

In schütternden Stürmen entfallen,
Dann aber, als liebstes Gut, vom heiligen Schicksal

                                                selbst,

Mit zärtlichen Waffen umschützt,
Die Gestalt der Himmlischen ist es.

Wie die Löwin, hast du geklagt,
O Mutter, da du sie,
Natur, die Kinder verloren.
Denn es stahl sie, Allzuliebende, dir
Dein Feind, da du ihn fast
Wie die eigenen Söhne genommen,
Und Satyren die Götter gesellt hast.
So hast du manches gebaut,
Und manches begraben,
Denn es haßt dich, was
Du, vor der Zeit
Allkräftige, zum Lichte gezogen.
Nun kennest, nun lässest du dies;
Denn gerne fühllos ruht,
Bis daß es reift, furchtsamgeschäftiges drunten.

Gebet und Meditation

Feste sind wie ruhende Inseln im Meere des Alltags, Kairoi, Zeitpunkte, an denen sich das Göttliche und das Menschliche zusammenfinden, wo die Wunde des Getrenntseins zeitweise geheilt wird, wo der wahre Friede sich einstellt, die Zweiheiten aufgehoben, versöhnt werden und die Welt wieder eine lichte Welt, auch eine geordnete, schöne Welt, d. h. Kosmos wird: denn dieses Wort bedeutet eben Weltenschönheit oder Weltenordnung. Der Friede zeigt seine wahre Bedeutung in der Tatsache, daß Götter und Menschen sich am gemeinsamen Tisch laben – *wie einst*, vor der Trennung. Daß sie *ein* Geschlecht seien, einen Ursprung haben, war altes pythagoräisches Wissensgut, und derselben Meinung ist Pindar (Nemas VI 1–5) und vor ihm Hesiod (Werke und Tage 108):

> Eins ist der Menschen,
> eins der Götter Geschlecht. Aus einer Mutter holen
> wir Atem beide.
> . . .
> Daß gemeinsamen Ursprungs sind
> Götter und sterbliche Menschen.

Zu diesem Ur-Sprung kehrt die Welt zeitweise zurück

in den Festzeiten – wenn sie als wahre, wirkliche Feste begangen werden können.

So ist jeder Feiertag Friedensfeier. Der Friedensfürst wird schon durch Jesaja genannt (J 9, 6): «Denn uns ist ein Kind geboren, ein Sohn ist uns gegeben, und die Herrschaft ist auf seiner Schulter; und er heißt Wunderbar, Rat, Kraft, Held, Ewig-Vater, Friedefürst!»

Nun sind in moderner Zeit dem Menschen die Feste nicht *gegeben* – wenn er nichts von sich aus dazu tut, kann er sie nicht als Feste feiern. Was er dazu tun kann, das wird Gebet oder Meditation genannt. Sie sind verwandte Gebärden. Ihre Verwandtschaft und ihr Unterschied sei im Folgenden dargestellt.

Der Inhalt eines Satzes oder eines Textes ist eine Einheit, ein «Zugleich», zeitlos, raumlos. Im Ausdruck tritt er in die Zeit ein, erscheint in einer diskontinuierlichen Form, in Wörtern. Die Einheit des Textes wird durch «Zusammenlesen» der Worte, durch ein wortloses «Denken», in dem die Diskontinuitäten aufgehoben werden, wieder hergestellt. Das ist das lebendige, flüssige Denken, aus dem der Text ursprünglich stammt. In diesem Ursprung hat jeder Gedanke eine Gefühls- und Willenshülle, die ebenso intersubjektiv sind wie der Gedankeninhalt selbst.

Es ist ein Verzaubern des Inhaltes im Ausdruck, es ist ein Entzaubern des Verzauberten im Verstehen. Die Verzauberung und die Entzauberung sind da, damit der Inhalt nicht einfach *gegeben* wird: das *Tun* um die Verzauberung und Entzauberung ist menschliches *Hinzutun* auf dem Umweg der Sinneswahrnehmungen, damit der Inhalt keine *Wirkung* sei, keine Wirkung durch höhere Natur. Deshalb muß der Text in Worte oder Zeichen zerlegt und wieder hergestellt werden.

Was bei der Bildung eines gewöhnlichen, d. h. *informativen* Satzes der Ausgangspunkt und in seinem Verstehen das zu erreichende Ziel ist, sein Inhalt, das ist in einem Meditationssatz der Ausgangspunkt zu einem weiteren Schritt: zum Meditieren. Der informative Inhalt wird als Zeichen eines verborgenen Sinnes betrachtet, wie beim gewöhnlichen Satz die Worte und Laute Zeichen und Wegweiser für seinen Inhalt sind. Auf diesen Inhalt wird im Laufe der Meditation verzichtet, wie man gewöhnlich auf die Form der Laute oder Buchstaben, auf die einzelnen Worte im Lesen oder Hören im Interesse des Satzinhaltes verzichten muß.

Man kann beim Meditationssatz auf den informativen Inhalt verzichten, weil ein anderer, verborgener und unendlicher Inhalt da ist. Immerhin muß der Satz in seinem informativen Gehalt dem Meditierenden verständlich sein, sonst kann er den verborgenen Inhalt nicht «erraten» – wie die Buchstaben und Worte dem Lesenden verständlich sein müssen, um den Sinn des Satzes rekonstruieren zu können.

Im Meditieren wird auch ein weiterer Verzicht ausgeübt. Schon durch die konzentrierte Aufmerksamkeit und besonders durch den Übergang in das flüssige, lebendige Denken, Wahrnehmen oder Vorstellen kommt die körperlich-seelisch-geistige Struktur des Menschen in eine von der alltäglichen verschiedene Lage. Daher ist die Aufmerksamkeit leicht geneigt, sich diesem *Zustand* der Lebendigkeit, des eigenen Strömens zuzuwenden: eine feine, nicht gewöhnliche *Ablenkung*. Das Thema wird in seiner Worthaftigkeit leicht «vergessen», um den Zustand der Gegenwärtigkeit mit einem gewissen Genuß zu erleben. In der rechten Meditation wird auf diese Gebärde der Aufmerksamkeit, auf diesen Genuß verzichtet. Das geschieht am besten durch das Zusammenziehen des Themas in *ein* Wort, falls es sich um eine Denkmeditation handelt, oder durch das Zurückkehren zum Bild, wenn es um eine Wahrnehmungs- oder Vorstellungsmeditation geht. Zustände, Empfindungen, Geschehnisse, die keinen Bezug zum Ideellen oder Worthaften des Themas in sich tragen, sind Abwege von der meditativen Bestrebung: anstatt die mögliche Erhebung des Bewußtseins zu erreichen, wird der Meditierende durch sie wie auf halber Höhe seitwärts zu einem Selbstempfinden höherer Art gelenkt.

In der Meditation geht man von der gedanklichen Einheit des Satzes zu dem höheren Ideen- oder Wortinhalt, der in der Einheit verborgen liegt. Der höhere Inhalt hat auch eine Gefühls- oder Willenshülle, zu denen der höhere «Sinn» der Zugang oder Ausgangspunkt sein kann. Im *Gebet* wird im gegebenen Wortlaut des Satzes die Gefühlshülle zum Erklingen gebracht: Das erhabene Gefühl hebt den Betenden aus seinem Alltagsbewußtsein heraus, zunächst mit Umgehen des höheren Sinnes; dieser kann im Beten aufgehen. Die erste Bedingung zum Aufgehobenwerden im Gebet ist die völlige Hingabe an den *Angesprochenen*, an dessen Existenz der Betende *glaubt*, von der er eine unmittelbare Evidenz hat, ohne die er nicht beten kann. Die zweite Bedingung ist die Vermeidung des «Selbstempfindens» in der Andacht: ein höheres egoistisches Fühlen, das im Beten eine ähnliche Gefahr bildet wie im Meditieren die Hinlenkung der Aufmerksamkeit auf den Bewußtseinszustand. Auch der Charakter des Genießens ist ähnlich. Die Hingabe gilt dem Angesprochenen und dem Text; die im Beten eventuell auftretenden «Erfahrungen» sollten höchstens «nebenbei» erlebt werden; Rilke sagt (in der ersten Duineser Elegie) Wesenhaftes vom Beten der Heiligen) aus: Sie waren ganz im Hören, so

> daß sie der riesige Ruf
> aufhob vom Boden; sie aber knieten,
> Unmögliche, weiter und achtetens nicht:
> *So* waren sie hörend.

Es ist wohl überflüssig zu sagen, daß das richtige Gebet nie eine egoistische, auch keine «konkrete», den Alltag betreffende «Bitte» sein kann. Das Vaterunser, das Ave Maria, «Herr, voller Gnade und Wahrheit, erbarme dich» zeigen in ihrem Charakter, wie die richtige Bitte so im Allgemeinen gehalten wird, daß die Konkretisierung dem Wesen überlassen wird, an das der Betende sich wendet. Man betet um die Intuition, die uns sagt, was zu bitten ist, denn der Alltagsverstand ist nicht geeignet, das zu beurteilen. «Erbarme dich» ist die Bitte und zugleich die Erfüllung der Bitte, wenn das Gebet wahrhaft ist: die Kraft der Erhebung, um die gebeten wird, der Vollzug der Intuition. Das Beten, wenn es wahrhaft ist, ist schon die Erfüllung selbst. Die Vorgänge sind nicht zweipolig, wie im gewöhnlichen Gespräch, sondern nähern sich dem «Ein-Geschehen» und erreichen es manchmal, indem die «Gesprächspartner» nur *einen* Text sprechen, von zwei Seiten her: die Identität des Betenden mit dem Angesprochenen wird im Gebet erreicht. Die Ausdrücke dieser Einheit werden besonders im 17. Kapitel des Johannes-Evangeliums gefunden und auch im Satz «Dein Wille geschehe» des Vaterunsers: Es ist ja mein Wille, daß dein Wille geschehe, es handelt sich *um einen* Willen. Sie sind von Anfang an eins.

Der Wendepunkt des Aufmerksamkeitswillens[23] im Gebet kann offensichtlich durch den Satz «Dein Wille geschehe» angedeutet werden. Die Wendung wird durch das Berührtwerden des Betenden durch den Angesprochenen im Gefühl bewirkt. Daher erklingt an diesem Punkt im Vaterunser das Wort «Wille», der Inbegriff eines Ichwesens. Daß der Aufmerksamkeitswille von dem Ichwesen geprägt werde, ist *ein* Sinn des Satzes. Es wird dem Wirken des Angesprochenen im Überbewußten – im Himmel – überlassen, das Bewußtsein des Betenden selbst – das Erdengeschehen – zu prägen.

Damit diese Einprägung vollzogen werden kann, muß ihr von Seiten des Betenden die Möglichkeit, das «Wachs» geboten werden. Dazu gehören die begleitenden Gebärden des Gebetes, die heute vielleicht nur noch andeuten, was in früheren Zeiten in Wirklichkeit geschehen ist und durch eine Bewußtseinsentwicklung wieder geschehen kann: daß die Kräfte der Seele vom Körper abgezogen, weggewendet werden, um ganz und einzig nur im Gebet dem Angesprochenen entgegengebracht zu werden. Die Neigung des Kopfes bedeutet: «Ich will meine Bewußtseinskräfte von der Wahrnehmungswelt, von dem Irdischen weg hin zum Unsichtbaren wenden.» Das Falten der Hände bedeutet: «Ich will die Kräfte meiner Hände, die sonst die von mir gewollte irdische Arbeit verrichten, jetzt als Kräfte der Aufmerksamkeit verwenden, während meine physische Hände in Ruhe bleiben.» Das Knieen bedeutet: «Ich benutze die Kräfte meiner Beine nicht, um den Körper zu tragen, sondern sende sie als Tragekräfte meiner Seele dem entgegen, zu dem ich bete.» Das Sich-Hinwerfen bedeutet: «Die Kräfte, die sonst meinen Körper aufrichten auf Erden, die entziehe ich dem Leibe und lasse sie als meine geistige Aufrichtigkeit Dir entgegenströmen.»[24] Was im Gehirn schon geschehen ist, daß es als *ruhendes* Organ zum Spiegel der Bewußtseinsprozesse geworden ist, dehnt sich im Gebet der Tendenz nach auf andere Körperteile, bzw. auf den ganzen Körper aus. Und wie eine neue Intuition den Gehirnorganismus in seinem biologischen Wesen «zurückdrängt»[25], ihm entgegenwirkt, durch Einübung entstandene Strukturen im homöopathischen Sinn vernichtet, so wird im Gebet andeutungsweise oder real auf andere Teile des Organismus gewirkt. Die kleine Magie, die das Denken im Gehirn vollzieht, indem es dessen biologisches Leben zurückstellt und in dieses gestaltend selber eingreift, wird zunächst bloß auf die gesteigerten Aufmerksamkeitskräfte ausgebreitet, die aus dem stillgelegten Organismus durch das Gebet befreit werden. In der Fortsetzung dieser inneren Gebetsgebärde liegt die Möglichkeit des *Heilens* durch das Wort und durch das Gebet. In diesem Sinne ist es zu verstehen, was über die Mantren zur Opferhandlung gesagt wird[26]: «Der Satz sollte so ausgesprochen werden, daß sein menschlicher Inhalt bedeutungslos ist, daß aber in dem Satze hinströmt dasjenige, was als Göttliches in der Welt und im Menschen lebt. So sollte der Schüler durch die Gedanken, die ihm durchsichtig wurden, das Göttliche sehen. Er sollte durch die mantrischen Sprüche, während er sie rezitierte, nicht dasjenige hören, was in ihrer Bedeutung liegt, sondern die durch sie dahinströmende göttliche Kraft selber sollte durch dasjenige, was im Opfer lag, zu den Handlungen hingeführt werden. Er sollte durch das, was im Opfer lag, seinen Willen nach dem Göttlichen hin richten, seinen Willen und seine ganze menschliche Persönlichkeit. Die Opferhandlungen waren vielfach damit verknüpft. Sie können es heute noch an der Buddha-Stellung sehen; Sie können es daran sehen, daß die menschlichen Gliedmaßen nicht in eine solche Lage gebracht werden, wie sie zu äußeren irdischen Verrichtungen geeignet sind, sondern in solche Lagen, daß sie ungeeignet für irdische Verrichtungen sind, daß der Mensch daher schon durch die Haltung, die Stellung seiner Gliedmaßen, aus dem Irdischen ganz herausgehoben ist, und dadurch auch mit seinen im Geiste sich vollziehenden Handlungen zu dem Göttlichen hingelenkt ist.»

Der Ursinn des Gebets kann am reinsten an dem «Lobgesang» der Engel verstanden werden, von dem z. B. die jüdisch-christliche Tradition berichtet. Daß

Gott dieser Gesang auf irgendeine Weise als «Lob» zugute käme, ist wohl eine allzumenschliche Vorstellung. Dem wahren Sinn dieses Bildes kommen wir näher, wenn wir bedenken, daß die Engelwesen nicht durch Mund und Kehle «singen», da sie keine physischen Organe haben. Sie sind immer mit ihrem Tun identisch: sie singen mit ihrem ganzen und worthaften Sein, sie *sind* Lobgesang selber. Ihr Sein beziehen sie aus Gott in dem Maße ihres Verbundenseins mit ihm, das ihre Selbständigkeit doch nicht vernichtet, weil es worthafter Natur ist: Sie sind Gottes Gesang. Ihr Gesang und Gottes Gesang sind eine und dieselbe Wirklichkeit. In Dantes Beschreibung (Par. XXVIII. 100) heißt es von den Seraphim und Cherubim, die sich in konzentrischen Kreisen um den Punkt drehen, der Gott selbst ist:

Sie folgen ihren Banden so behende,
Um gleich zu sein dem Punkt, soviel sie können,
Und können's um soviel, als hehr ihr Schaun ist.
. . .
Und wisse, daß sie alle soviel Wonne
Empfinden, als ihr Blick sich in der Wahrheit
Vertieft, drin jeglicher Verstand zur Ruh kommt.
(Philalethes' Übersetzung)

Ähnlich ist es mit den menschlichen Schöpferpersönlichkeiten. Durch Ibsen z. B. spricht in vielen seiner Werke sicherlich der *Zeitgeist* sich aus; dem widerspricht nicht, daß er, ganz und gar als Norweger vom *Volksgeist* durchdrungen, der *individuelle* Repräsentant des Zeitgeistes war: Je mehr er vom Zeit- und Volksgeist durchklungen geschaffen hat, um so individuellerer Menschengeist war er.

Die Adaequatio, das Sich-Angleichen, Sich-Anpassen an den, an den sich der Lobgesang oder das Gebet richtet, ist die Erhebung der Singenden oder Betenden in der Richtung des Angesprochenen. Durch die Intensität ihrer Gottesschau wird der Rang der hierarchischen Wesen bestimmt; durch die Intensität des Betens kommt der Mensch dem Sinn der nicht oder kaum durchschauten Worte näher, wenn er in der Masse «Sanctus, sanctus, sanctus» singt. Die erkennende Art der Adäquation wird z. B. von dem Evangelisten Johannes in seinem ersten Brief (3,2) beschrieben: «Meine Lieben, wir sind nun Gottes Kinder, und es ist noch nicht erschienen, was wir sein werden. Wir wissen aber, wenn es erscheinen wird, daß wir ihm gleich sein werden; denn wir werden ihn sehen, wie er ist. »

Der wesentlichste Unterschied zwischen dem Gebet und der Meditation besteht im Glauben – d. h. der inspirativen Sicherheit des Erkennens – an das angesprochene höhere Ichwesen. Dieser Glaube muß im Meditierenden *im Prinzip* nicht *vornherein* wirksam sein: Er kann seine Meditation ohne jede Voraussetzung beginnen. Ein Gebet ohne Glauben an das Wesen, zu dem es sich wendet, ist kaum vorstellbar. Durch das worthafte Wesen der Meditation wird der sie Ausübende bald zur Quelle des erfahrenen höheren Wortes geführt, so wie früher noch zur unmittelbaren Einsicht, daß Worthaftes nur in einem Wortwesen seine Quelle haben kann. So führen Meditation und Gebet zu derselben Erlebnissphäre. Sie schließen sich daher keineswegs aus; im Gegenteil: sie können sich gegenseitig stützen und stärken, sie waren im Mittelalter gar nicht zu unterscheiden.

Die «methodischen» oder «technischen» Unterschiede sind aus der Unterschiedlichkeit der Ausgangssituationen zu verstehen. Der Betende wird durch sein «erkennendes Fühlen» zum Gefühlsinhalt des Textes geführt, und das ermöglicht ihm, daß er das höhere Wesen anspricht. Der Meditierende geht von seiner alltäglichen Verstandesebene aus. Deshalb bleibt ihm sein Tun – im Idealfall – schrittweise durchleuchtet und bewußt, auch dann, wenn sein Bewußtsein höhere Ebenen erreicht. Die Kraft des Steigens ist die wiederhergestellte Resonanz mit der eigenen höheren Wesenhaftigkeit[27], während diese Harmonie im Beten eine Voraussetzung ist.

Im Hinblick auf die anfänglichen Schritte ergibt sich ein Unterschied in der eventuellen Darstellung des Erlebten. Da in der Meditation der Übergang zu einer erhöhten Bewußtseinsebene bewußt miterlebt wird, wird der Erlebende eher befähigt, die Erfahrung in begrifflicher Form darzustellen. In den höheren Stufen des Erlebens scheint dieser Unterschied auf beiden Wegen zu verschwinden: Der Ausdruck selbst wird inspiriert, d. h. als schöpferischer Akt in die Erfahrung einbezogen, durch diese selbst geleitet und geführt.

Weihnachten

Dem Hinsterben der Ideen und des Glanzes der Festtage kann entgegengearbeitet werden – muß entgegengearbeitet werden, falls wir noch feiern wollen und weiterleben wollen: Das ist die Botschaft von Weihnachten. Wie die Meditationsthemen, sind die Festesthemen selbstdarstellend: Ihr «Inhalt» sagt dem Menschen zugleich, was *er* zu tun hat – wenn der Mensch es versteht. Zu Weihnachten heißt das: Die kindliche, den Logos empfangende Aufmerksamkeit zu gebären. Diese Aufmerksamkeit wird durch die Betrachtung der Weihnachtsmotive befruchtet: Der Engelgesang wird vernommen, die «Gute Nachricht», daß *dies* – die Öffnung der Himmel – dem Menschen möglich ist. Das kann ihn in den ursprünglichen wahren Zustand seines Seins versetzen, in die Freude. Ihre

> Zauber binden wieder,
> Was die Mode streng geteilt . . .»

Fest heißt Zusammenklang, Zusammenschluß von Himmel und Erde, Aufhebung aller Geteiltheit von Menschen- und Göttergeschlecht, Friede also, wie man es am Bild Botticellis sehen kann, Versöhnung durch den Sohn, durch die Logoskraft, durch das Feuer des Heraklit.

Abbildung 4: Botticelli, Anbetung des Christuskindes (London National Gallery).

In der Tradition der Christgeburtsbilder findet man als Schauplatz entweder die Höhle oder die Hütte. Diese ist aus Holz geometrisch als Viereck und Dreieck (Dach) komponiert. Das Bild von Botticelli faßt gleichsam die ganze Mystik der Tradition zusammen: Das Hütten- und das Höhlenmotiv ist vereint. Die Bäume des Lebens hinter der Höhlen-Hütte weisen auf den Paradiesgarten hin, der durch die Geburt und ihre Folgen dem Menschen wieder zugänglich werden kann. Im Vordergrund sind sie als grünende Stäbe in Verbindung mit den einzelnen Gestalten angeordnet. An diesen Stäben schwebt das Wort in Form eines beschriebenen Bandes. Solche Stäbe werden von den zwölf Engelwesen getragen, die – dreimal vier gemäß ihrer Gewänder – über das irdische Geschehen im Kreise schweben. Sie bilden einen Zwischenbereich, indem sie halb in den goldenen, halb in den blauen, «irdischen» Himmel hereinragen. An den grünenden Stäben hängen Lebenskronen, wie sie auch der Genius (rechts) den zwei Hirten als Bekränzung anordnet. Ähnliche werden von den drei Menschengestalten im Vordergrund getragen, diesseits des Abgrundes, der das zentrale Geschehen von dem Diesseits (auch des Zuschauers) trennt. In den Abgrund verschwinden die überwundenen Dämonen der drei Figuren: Diese können die chymische Hochzeit mit ihren Genien feiern. Der Weg führt von dem Diesseits des Abgrundes (von dem Zuschauer) in scharfen Wendungen über den Abgrund zu der Joseph-Figur und von ihm weiter zum Kind und zur Maria. Über Joseph reicht ein Engelsarm in das Viereck der Hütte, er trägt den Lebensstab mit dem Wort-

geflecht, das über den Meditierenden schwebt; aus der rechten Säule – im Gegensatz zur linken – wächst ein Arm in das Viereck hinein, einen ähnlichen Stab hineinreichend.

Das Geschehen jenseits des Abgrundes ermöglicht diesseits die chymische Hochzeit: So könnte man die Komposition interpretieren. Die Welt ist viergliedrig: Goldener Himmel, Himmelsblau, das Jenseits des Abgrundes und das Diesseits. Die Vermittlung wird überall durch Engelwesen vollzogen, bzw. diese Vermittlung wird durch das zentrale Geschehen initiiert, durch den Meditierenden. Er gibt den Anlaß, dem oberen Engelkreis und den drei Engeln am Dach der Hütte zu helfen, die Einheit von oben bis unten herzustellen: die Himmelsleiter. Die drei Engel am Hüttendach sind dieselben (der Kleidung nach), wie die teilnehmenden an der chymischen Hochzeit. Der mittlere am Dach hat das Buch des Lebens in der Hand, dahinein schauen auch die anderen, und die Menschengestalten im Vordergrund sind es, deren Namen im Buch geschrieben sind. So kann auch das «Wortgeflecht» gedeutet werden: Das ist der wahre Name des betreffenden Menschen. Am Dach halten zwei Engel die Lebensstäbe, aber ohne die Bänder: Der dritte hält aber das Buch; unten bei der chymischen Hochzeit sind die Stäbe mit den Wortgeflechten geschmückt. Kein Detail des Bildes ist ohne Sinn.

94

Friede ist etymologisch mit «Freude» und «frei» verwandt: Der wahre Friede nämlich, als Urbedeutung dieses Wortes, und nicht identisch mit dem Frieden *dieser* Welt, von dem es heißt (Matth 10, 34): «Ihr sollt nicht wähnen, daß ich gekommen sei Frieden zu senden auf die Erde, Ich bin nicht gekommen Frieden zu senden, sondern das Schwert.»

Der Geburt geht die Verkündigung voran, und das Vorbild der Maria belehrt uns, «ja» zu sagen zu den Aufgaben, die uns angemessen sind und an uns herankommen; denn nur auf diese Weise werden wir kleine und große Feste haben; kleine Einsichten, Erkenntnisse oder mehr andauernde Aufenthalte im Gebiet des geistigen Lebens – in der Meditation – oder gemeinsam mit anderen Menschen zu begehende Feste; man kann allein keine Feste feiern, und an den wirklichen Feiern nehmen auch die göttlichen Kräfte teil. Wir sind nun «Gespräch» mit den Göttern und untereinander; «bald aber sind wir Gesang» – ein Schritt in die Richtung zum höheren Dasein – Lobgesang nämlich –, wie zu einer näheren Adaequatio, «denn wir werden sehen, wie er ist»; wie der Schritt im Johannes-Prolog von der Möglichkeit, «Gottes Kinder zu werden», zum «wir haben seine aussagende Strahlung erblickt» (seine Herrlichkeit), weil der Logos Fleisch geworden ist und in uns sein Zelt aufgeschlagen hat.

Der Verarmung der Idee, die in uns bald nach der Intuition auftritt, kann durch die Konzentriertheit der Aufmerksamkeit ein Gegengewicht und Gegenmittel geschaffen werden. Je konzentrierter, je *ausschließlicher*

95

die Aufmerksamkeit auf ihr Thema gerichtet wird, um so weniger Möglichkeit bleibt für Ablenkungen, unter denen die Erinnerung an die Idee – an die Worte – die gefährlichste ist. Weil sie in Worte gefaßt und durch die Worte erinnerbar ist, können die Bedeutung, der Sinn, der geistige Hintergrund oder das Wesen hinter dem Ausdruck an Gewicht verlieren. Sie werden immer weniger mitklingen, anklingen. Wird die Aufmerksamkeit weg von den Worten auf das Wesen – auf das Verstehen – gelenkt, dann bleibt der Mensch mit der Idee, mit ihrem Wesen allein, kann von den Erinnerungen nicht abgelenkt werden. Die Konzentriertheit führt zur andauernden Improvisation: Von Verarmung ist dann keine Rede mehr.

Die Konzentriertheit geht durch Geübtheit von sich aus in die Meditation über, und diese kann dem Thema des Festes stets neue Tiefen hinzuschaffen. Weil die Themen der Feste Meditationsthemen sind, sind sie wie jene unendlich vertiefbar.

Die Vertiefung ist Schöpfung. Jede Idee ist Teil der Weltschöpfung; die Sprachen zeichnen eine Ideenwelt vor: Dieser gemäß wird dem Menschen die Welt strukturiert. Wird sein Denken in der Schule der Sprache zur Selbständigkeit – zur Emanzipation von der Sprache – erzogen, so könnte es die Schöpfung fortsetzen: Das ist der Sinn der Bewußtseinsgeschichte; die Antwort ist die Gebärde der Maria. Ihre geöffnete Hand, ihre geöffnete empfangende Aufmerksamkeit weist den Engel nicht zurück, wie das von dem modernen Dichter empfunden und beschrieben ist (in der VII. Duineser Elegie):

Denn mein
Anruf ist immer voll Hinweg; wider so starke
Strömung kannst du nicht schreiten. Wie ein gestreckter
Arm ist mein Rufen. Und seine zum Greifen
oben offene Hand bleibt vor dir
offen, wie Abwehr und Warnung,
Unfaßlicher, weitauf.

Feste feiern kann man nur, wenn ein Funke des Festthemas in der Seele zum Feuer auflodert, aus der Doxa (Herrlichkeit) der Funke der Eudokia, der guten Ansicht: *Dann* kann von der Seite der Menschen über die Herrlichkeit, die Glorie gesungen werden. Wenn der Mensch in sich die Kraft des Logos gewahr wird, dann kann er über den Logos im Anfang singen. Feuer und Logos sind bei Heraklit synonyme Ausdrücke für dieselbe Wesenheit: durch die die Welt als Ideengebilde, als Texthaftes, Sinnvolles entstanden ist und durch die der Mensch ihr nunmehr immer weiter Sinn zu geben berufen und imstande ist. Dem Maß unserer Entgegenbewegung antwortet in diesem Tun die Begnadigung von oben: Das Tote in uns erhält in dem Maße neues Leben.

Gleichnis

Wie einst uns der Herr aus den Toten
auferstehen läßt
so lodert auf der Dornbusch der Seele
jetzt und wieder jetzt
So wie der Dornbusch der Seele auflodert
im Jetzt
so einst der Herr uns aus den Toten
auferstehen läßt.   *Magda Székely*[28]

Das Ziel aller geistigen Bestrebungen in jedem Zeitalter war und ist und wird sein, daß die Offenbarungsgnade von oben in den menschlich bereiteten Kelch empfangen werde. Dieser Kelch wird aus der Aufmerksamkeit geformt, und das Bild dieses Plastizierens ist das weihnachtliche Geschehen.

Anmerkungen

1 *Anthroposophische Leitsätze*, Rudolf Steiner Gesamtausgabe (GA) Bibl. Nr. 26, Darstellungen vom 25. 10. 1924, 2. 11. 1924, besonders aber 14. 12. 1924, Dornach [8]1982.

2 GA Bibl. Nr. 26, Darstellung vom 31. 8. 1924, a. a. O.

3 Georg Kühlewind, Siehe ich mache alles neu. In: *Das Goetheanum*, 22 / 1987.

4 Georg Kühlewind, Die Schulung der Aufmerksamkeit. In: *Freiheit erüben,* Stuttgart 1988.

5 A. Wachlmayr, *Das Christgeburtsbild*, München 1939.

6 *Vom Menschenrätsel*, GA Bibl. Nr. 20, Kap. V Ausblicke, Dornach [5]1984.

7 *Die Sendung Michaels,* GA Bibl. Nr. 194, Vortrag 30. 11. 1919, Dornach [3]1983; *Die Welt der Sinne und die Welt des Geistes*, GA Bibl. Nr. 134, Vortrag 28. 12. 1911, Dornach [4]1979; *Allgemeine Menschenkunde als Grundlage der Pädagogik*, GA Bibl. Nr. 293, Vorträge 23. und 24. 8. 1919, Dornach [8]1980.

8 Georg Kühlewind, Über das Erleben der Begriffe. In: *Das Goetheanum*, 38 / 1984.

9 Aldous Huxley, *The Art of Seeing*, London 1974.

10 Georg Kühlewind, *Das Licht des Wortes*, Kap. 1, Stuttgart 1984.

11 *Wie erlangt man Erkenntnisse der höheren Welten?,* GA Bibl. Nr. 10, Kap. Über einige Wirkungen der Einweihung, Dornach [22]1975; *Anweisungen für eine esoterische Schulung*, GA Bibl. Nr. 245, Kap. I, Dornach [5]1979; *Die Geheimwissenschaft im Um-*

riß, GA Bibl. Nr. 13, Kap. Die Erkenntnis der höheren Welten, Dornach [26]1977.

12 Georg Kühlewind, *Bewußtseinsstufen*, Kap. Die zwei Bewußtseinsstufen in der «Philosophie der Freiheit», Stuttgart [2]1980.

13 GA Bibl. Nr. 245, Kap. I, a. a. O.

14 *Der übersinnliche Mensch, anthroposophisch erfaßt*, GA Bibl. Nr. 231, Vortrag 14. 11. 1923, Dornach [3]1982; vgl. auch *Die Philosophie, Kosmologie und Religion in der Anthroposophie*, GA Bibl. Nr. 215, Vortrag 9. 9. 1922, Dornach [2]1980; *Geisteswissenschaftliche Menschenkunde*, GA Bibl. Nr. 107, Vortrag 26. 10. 1908, Dornach [4]1979.

15 *Weltenwunder, Seelenprüfungen und Geistesoffenbarungen*, GA Bibl. Nr. 129, Vortrag 27. 8. 1911, Dornach [5]1977.

16 *Von der Initiation*, GA Bibl. Nr. 138, Vortrag 29. 8. 1912, Dornach [3]1959.

17 *Die Philosophie der Freiheit*, GA Bibl. Nr. 4, Kap. XII Zusatz, Dornach [14]1978.

18 *Ursprungsimpulse der Geisteswissenschaft*, Vortrag 12. 6. 1912, GA Bibl. Nr. 96, zitiert nach einer unveröffentlichten Nachschrift.

19 *Goethes Naturwissenschaftliche Schriften*, GA Bibl. Nr. 1, Kap. VI Goethes Erkenntnisart, Dornach [3]1973.

20 GA Bibl. Nr. 26, Darstellung vom 31. 8. 1924, a. a. O.

21 GA Bibl. Nr. 138, Vortrag 28. 8. 1912, a. a. O.

22 Hölderlins Hymne an Christus «Versöhnender …», Entwurf. Die endgültige Fassung «Friedensfeier» enthält die Zeilen in etwas geänderter Form.

23 Vgl. oben Kap. Die dritte Geburt. Der Kelch.

24 *Metamorphosen des Seelenlebens*, GA Bibl. Nr. 58, Vortrag 28. 10. 1909, Dornach 1984; *Okkultes Lesen und okkultes Hören*, GA Bibl. Nr. 156, Vortrag 6. 10. 1914, Dornach 1967.

25 GA Bibl. Nr. 4, Kap. IX, Kap. XII Zusatz, a. a. O.

26 *Geistige Zusammenhänge in der Gestaltung des menschlichen Organismus*, GA Bibl. Nr. 218, Dornach ²1976.

27 Georg Kühlewind, *Das Licht des Wortes*, Kap. Die Umkehr, Kap. Die Himmelsleiter, Stuttgart 1984.

28 Aus dem Ungarischen von Georg Kühlewind.